Gerecht beurteilen

Portfolio: die Alternative für die Grundschulpraxis

Ilse Brunner Elfriede Schmidinger

VERITAS

Bildnachweis:
Brigitte Loidl: 7, 8, 13, 14, 18, 19, 37, 38
Edith Steffan: 26, 33, 34, 36, 54

Die Deutsche Bibliothek - CIP-Einheitsaufnahme

Brunner, Ilse:
Gerecht beurteilen : Portfolio : die Alternative für die Grundschulpraxis / Ilse Brunner ; Elfriede Schmidinger. - Linz : Veritas, 2000
ISBN 3-7058-5563-8

1. Auflage (2000)
Gedruckt in Österreich auf umweltfreundlich hergestelltem Papier
Lektorat: Anna Jungreithmayr, Linz
Herstellung, Layout: Germana Kolmhofer, Hartkirchen
Umschlaggestaltung und Illustrationen: Graham Wiseman, Salzburg
Satz, Offsetreproduktion: druck- und werbeagentur tanczos KEG, linz/leonding
Druck, Bindung: LANDESVERLAG Druckservice, Linz

ISBN 3-7058-5563-8

Hauptschule	Adressen
HL Gertrude Barnreiter	HS Hart, Limesstr. 2, 4060 Leonding, Tel. 07 32/67 17 42-12
HL Inge Kern	HS Hellmonsödt, Färberweg 12, 4202 Hellmonsödt, Tel. 0 72 15/25 69
HL Josef Kreutzer	HS Altmünster, Marktstr. 29, 4813 Altmünster, Tel. 0 76 12/8 78 49-15
HL Anneliese Nodes	HS Altmünster, Marktstr. 29, 4813 Altmünster, Tel. 0 76 12/8 78 49-0
HL Peter Stollberger	HS Ranshofen, Wertheimerplatz 8, 5282 Braunau-Ranshofen, Tel. 0 77 22/6 30 03

Gruppenleiterinnen	
Dr. Ilse Brunner	Beblostr.28, D-81677 München, Tel. 00 49/89/91 54 32, E-Mail: ibrunner@compuserve.com
Dr. Elfriede Schmidinger	LSR f. OÖ, Sonnensteinstr. 20, 4020 Linz, Tel. 07 32/70 71-11 61, E-Mail: elfriede.schmidinger@lsr-ooe.gv.at

Unterstützt wurde die Arbeit der Gruppe durch das Pädagogische Institut des Bundes in Oberösterreich, vertreten durch Frau Prof. Elfriede Kainz-Kazda. Sie engagierte sich besonders dafür, dass entsprechende Fortbildungsveranstaltungen angeboten werden. Während der gesamten Entwicklung unseres Projektes achtete sie darauf, dass das Buch so gestaltet wurde, dass LehrerInnen durch geeignete Beispiele ihre Beurteilungspraxis weiterentwickeln können.

Das vorliegende Buch ist das Ergebnis der zweijährigen Zusammenarbeit dieser Gruppe. Die Zusammenarbeit war geprägt von hohem Engagement, einer großen Ernsthaftigkeit der Arbeit, bewundernswerter Ausdauer und dem großzügigen Einbringen der pädagogischen und didaktischen Kompetenzen durch alle TeilnehmerInnen. Dafür möchten wir uns herzlich bedanken.

Ein Netzwerk für Portfoliofans

Ein wichtiges Ziel der Zusammenarbeit war, die eigenen Erfahrungen einer größeren LehrerInnengruppe zur Verfügung zu stellen. Das sollte natürlich auch dazu führen, dass sich die Gruppe erweitert. Alle Leserinnen und Leser sind daher herzlich eingeladen, ihre Erfahrungen mit Portfolios in diese Gruppe einzubringen. Wir würden uns freuen, wenn dadurch ein großes Netzwerk von Portfoliofans entsteht, die sich im Internet unter folgender Adresse begegnen: www.veritas.at/portfolio.

Das Netzwerk bietet den „Fans“ die Gelegenheit,

- Argumente auszutauschen,
- Rat zu holen,
- Informationen zu bekommen und weiterzugeben,
- Materialien zur Verfügung zu stellen und zu holen,
- persönliche Kontakte zu knüpfen
- und ... – Das bleibt Ihrer Kreativität überlassen!

Was Sie in diesem Buch finden können

Dieses Buch – aus der Praxis für die Praxis – beinhaltet nur Beispiele, die bereits im Unterricht erprobt wurden. So finden Sie zwei umfangreichere Berichte über den Einsatz von Portfolios und viele kleine Beispiele, die es Ihnen erleichtern, eine konkrete Vorstellung von den Arbeitsschritten zu erhalten. Praxisbezug steht im Mittelpunkt, es handelt sich aber nicht um eine Sammlung von „Rezepten“. Neben den Beispielen werden die allgemeinen Grundlagen der Portfolioarbeit dargestellt. Hier finden Sie vor allem Handlungsanleitungen, damit Sie Portfolio leichter im eigenen Unterricht einsetzen können.

Portfolios sind sehr individuell, da sie von der Persönlichkeit der jeweiligen Lehrerin, des jeweiligen Lehrers und den Persönlichkeiten der SchülerInnen bestimmt werden. Dennoch haben wir einzelne Materialien für Kopiervorlagen ausgewählt, die auch in anderen Unterrichtssituationen nützlich sein können.

Falls Sie sich intensiver mit Portfolios beschäftigen möchten, hilft Ihnen das Literaturverzeichnis weiter.

Wie Sie dieses Buch lesen können

Viele LeserInnen haben nicht die Zeit oder möchten sich nicht die Zeit nehmen, ein Buch ganz durchzulesen. LeserInnen suchen auch Unterschiedliches in einem Buch. In diesem Buch können Sie sich entweder rasch einen Überblick über die Theorie der Portfolioarbeit verschaffen oder in die praktische Arbeit Einblick gewinnen. Im ersten Fall empfehlen wir jedenfalls die „Grundlegende Information“ zu lesen, im zweiten Fall die beiden Erzählungen „Portfolio stärkt Selbstvertrauen und Selbstbewusstsein“ und „Gut strukturiert und klar begrenzt: ein Beispiel für PortfolioanfängerInnen“.

Wer eine fundierte theoretische Einführung möchte, sollte zwar alle Kapitel lesen, aber die Beispiele überspringen. Sollten Sie sich nach dem ersten Lesen entschieden haben, Portfolios in Ihrem eigenen Unterricht einzuführen, werden Sie in den Teilen „Einstieg“, „Portfolios im Unterricht“ und „Wir feiern unsere Erfolge“ konkrete Anleitungen finden. Sollten Sie durch das erste Lesen zum großen Skeptiker, zur großen Skeptikerin werden, dann lesen Sie bitte die Argumente, mit denen wir häufige Bedenken zu entkräften versuchen.

Fallbeispiel: Portfolio stärkt Selbstvertrauen und Selbstbewusstsein *(Brigitte Loidl)*

Seit 25 Jahren bin ich Lehrerin an der Volksschule Bad Ischl-Ost. Derzeit unterrichte ich gemeinsam mit meiner Teamkollegin, einer Sonderschullehrerin, eine 3. Integrationsklasse. Beide blicken wir auf zahlreiche Versuche und Erfahrungen mit offenen Unterrichtsformen zurück. Deshalb setze ich in meinen Klassen schon seit mehreren Jahren das *mündliche Informationsgespräch* als alternative Form der Leistungsbeurteilung ein. Dabei stehen meiner Meinung nach die individuellen Lernfortschritte und die Erreichung der Lernziele am deutlichsten im Mittelpunkt. Ich schätze das Gespräch besonders, da es für mich die einzige Beurteilungsform darstellt, die ich für kommunikations- und kooperationsfördernd halte. Diese Fähigkeiten zählen für mich zu den Grundpfeilern der kindlichen Entwicklung.
Die Einführung der Portfolio-Mappe eröffnete mir nun eine ausgezeichnete Möglichkeit, diese bereits gut eingeführte und allseits beliebte Beurteilungsform auszubauen bzw. zu ergänzen.

Die Entscheidung dazu reifte während eines Seminars zur Portfolio-Beurteilung. Mir wurde bewusst, dass Portfolios sowohl den Lernprozess als auch die Lernprodukte der Kinder anschaulich dokumentieren. Außerdem war ich davon überzeugt, dass sie *offenen Unterrichtsformen* und *individuellen Lernzielsetzungen* am besten gerecht werden und sich positiv auf die Motivation, das Selbstwertgefühl und somit auf das Selbstbewusstsein der Kinder auswirken.

Nachdem Portfolios eine bedeutsame Ergänzung des mündlichen Informationsgespräches darstellen, wollte ich zunächst einmal meine **Teamkollegin** sowie die Eltern und Kinder meiner Klasse – damals eine 2. Schulstufe – davon begeistern.
Bei Christine, meiner Teamlehrerin, fiel die Idee sofort auf fruchtbaren Boden. Gemeinsam planten wir eine Unterrichtseinheit, in der wir versuchten, den **Kindern** die Vorteile einer Portfolio-Mappe schmackhaft zu machen. Zustimmung und Begeisterung der Kinder waren uns sicher, als sie erkannt hatten, dass

1. sie die besten Produkte selbst auswählen dürfen,
2. die getroffene Auswahl auch immer wieder verändert und ergänzt werden kann,
3. auch außerschulische bzw. häusliche Leistungen mit einbezogen werden und
4. die Mappe am Elternsprechtag und bei den Informationsgesprächen den Eltern präsentiert wird.

Diese Vorgangsweise ermöglicht es den Kindern einerseits, ihre Stärken in den Vordergrund zu stellen, andererseits bietet sie eine gute Gelegenheit, aus schon einmal gemachten Fehlern zu lernen. Außerdem sammeln die Kinder erste Erfahrungen, wie man eigene Leistung optimal präsentiert.

Der nächste Schritt war, die **Eltern** unserer SchülerInnen mit dieser neuen Idee bekannt zu machen. Dazu beriefen wir ein Elternforum ein. Wir unterhielten uns ausführlich über Sinn und Zweck von Portfolios und über die Ziele, die damit erreicht werden können. Auch die Eltern waren der Meinung, dass Portfolios

- motivationsfördernd wirken,
- die Persönlichkeitsentwicklung der Kinder positiv beeinflussen,
- der Individualität des Kindes gerecht werden,
- Vorzüge und Stärken, aber auch Schwächen oder Lernschwierigkeiten leichter erkennen lassen sowie
- Laufbahnentscheide erleichtern.

In Zusammenarbeit mit Eltern und Kindern wurden die **Inhalte der Mappe** festgelegt. Auch die Eltern begrüßten die Idee, dass außerschulische Produkte wie Reisetagebücher, Themenposter, Gedichtemappen, selbst gefertigte Geschichtenbücher ... entsprechende Berücksichtigung finden sollten. Darüber hinaus kamen wir überein, die bis dahin nur mündlich vorgestellten und besprochenen Lernziele nun auch schriftlich festzulegen. Die schon vorhandenen individuellen Lern- und Förderpläne sowie die ebenfalls schon vorher verwendeten Beobachtungsprotokolle sollten den Mappen beigelegt werden. Beispiele solcher Pläne und Protokolle sind ab Seite 12 zu finden.
Neu ausgearbeitet und gestaltet werden sollten Bögen zur Selbstbeobachtung und Selbsteinschätzung für die Kinder.

Nun machten wir uns mit den Kindern ans Werk. Gemeinsam mit Christine und der Kollegin für den **Werkunterricht** fertigten wir die Mappen für unsere Portfolios an.

Die Kinder wünschten sich große, dicke Mappen, in denen unsere Projektbücher Platz haben, auf die sie sehr stolz sind. So bemalten wir einen großen Bogen Packpapier mit bunten Kleisterfarben und beklebten damit den Karton. Die Ränder wurden mit einem Gewebeband eingefasst, um frühzeitige Abnützungserscheinungen zu vermeiden. Durch Falzen erhielt die Mappe einen breiten Rücken. An den Seiten wurde eine Textilverschnürung angebracht, um das Herausfallen von Dingen zu vermeiden. Zuletzt wurde die Oberfläche der Mappe gewachst und ein Namensschild aufgeklebt.

Nun galt es, einen geeigneten **Aufbewahrungsort** für unsere Riesen-Mappen in unserem ziemlich beengten Klassenzimmer zu finden. Das war nicht ganz einfach, gelang aber schließlich in der Form, dass wir ein Material-Regal leer räumten und auf diese Weise Platz schufen. So entstand zwar eine bunte Ecke in unserem Klassenraum, wirklich zufrieden stellend ist diese Lösung aber nicht, da die Mappen gestapelt sind und die Stapel jedes Mal ab- bzw. aufgebaut werden müssen, wenn die Mappen benötigt werden.

Eine viel bessere Lösung wäre es, die Mappen nebeneinander stehend aufzubewahren. Die Zugriffsmöglichkeit für die Kinder wäre einfacher und die Inhalte wären besser geschützt, als dies bei unserer derzeitigen Lagerung der Fall sein kann. Bei uns fehlt dafür aber leider der Platz.
Unsere inhaltliche Vorbereitungsarbeit in dieser Phase bestand darin, Lehraufgaben der Grundstufe 1 in die einzelnen **Erfahrungs- und Lernbereiche** zu gliedern. Es entstand ein umfangreiches Planungskonzept, das in einem stufenweisen Aufbau die Lehrplanziele auflistet. Durch diesen Aufbau kann die individuelle Lernentwicklung der einzelnen Kinder gut erfasst und dokumentiert werden. Das heißt, wir orientieren uns im Zeitablauf an der *Entwicklungsmöglichkeit der Kinder*. So kann bei allen Portfolio-Gesprächen und Präsentationen genau nachvollzogen werden, auf welcher Stufe sich das Kind befindet, welche Lernfortschritte es gemacht hat und welche Entwicklungsschritte noch zu erwarten sind.

Als Beispiele dafür stellen wir die Erfahrungs- und Lernbereiche für Deutsch/Lesen/Schreiben und für Mathematik vor:

Erfahrungs- und Lernbereiche Deutsch/Lesen/Schreiben – Grundstufe 1

Sprechen	***Lesen***	***Schreiben***	***Verfassen von Texten***	***Rechtschreiben***	***Sprach-betrachtung***
→ Bewusst zuhören und sich äußern	→ Auditive Gliederungs- und Merkfähigkeit	→ Grobmotorik → Feinmotorik	→ Eigene Erlebnisse und Beobachtungen in kurzen Sätzen aufschreiben	→ Wörter akustisch, sprechmotorisch und optisch durchgliedern	→ Durch Sprachspiele Einsicht in Sprache gewinnen
→ Einfache Kommunikationsformen anwenden	→ Visuelle Gliederungs- und Merkfähigkeit	→ Bewegungsrichtungen und Bewegungsformen	→ Vorbereitende und begleitende Übungen zum Verfassen von Texten	→ Wörter, Wortgruppen und Sätze abschreiben	→ Sprachbezogene Begriffe • Buchstabe • Wort • Satz
→ Wichtige Gesprächsregeln beachten, verstehen und befolgen	→ Lesemotivation entwickeln	→ Auge-Hand-Koordination	→ Handlungsabläufe in der richtigen Reihenfolge wiedergeben	→ Verantwortung für richtiges Schreiben entwickeln	→ Sätze bauen und umbauen
→ Wortschatz erweitern und differenzieren	→ Beherrschen der Buchstaben → Erfassen der Laut-Buchstaben-Zuordnung	→ Schreibhaltung → Gebrauch von Schreibmaterialien	→ Wichtiges von Unwichtigem unterscheiden	→ Erwerben eines begrenzten Grundwortschatzes	→ Die Wortart „Namenwort" → Der Artikel
→ Ausdrucksvoll und deutlich sprechen	→ Speichern und Wiedergeben von Wörtern und Buchstabengruppen	→ Ausmalen → Nachspuren	→ Mitteilungen, Wünsche, Fragen und Antworten formulieren und aufschreiben	→ Sich einiger Lösungshilfen bedienen können • Gebrauch des Wörterbuches • Personen um Auskunft bitten • Stammwortschreibung	→ Einzahl- und Mehrzahlbildung

Sprechen	**Lesen**	**Schreiben**	**Verfassen von Texten**	**Rechtschreiben**	**Sprachbetrachtung**
➔ Texte sinngestaltend sprechen	➔ Zusammenlauten ➔ Auf- und abbauendes Lesen	➔ Schreibrichtung	➔ Freie Texte	➔ Besonderheiten der Rechtschreibung • Großschreibung • Interpunktion • Silbentrennung	
➔ Gebrauch der Schriftsprache	➔ Lesefertigkeit und Lesesicherheit	➔ Grundformen der Schreibbewegung nachbilden			
➔ Richtige Satzmuster verwenden	➔ Lesegenauigkeit	➔ Buchstaben und Ziffern form- und bewegungsgerecht schreiben			
➔ Kreativer Umgang mit Sprache	➔ Sinnerfassendes Lesen	➔ Wörter und Sätze ab- und aufschreiben ➔ Wörter als Ganzes abschreiben ➔ Schreiben aus der Vorstellung			
➔ Sprechmotorik und Lautbildung	➔ Vorlesen ➔ Bücher lesen	➔ Beziehungen zwischen Druckschrift und Schulschrift herstellen			
		➔ Formale Ordnungen beim Schreiben einhalten			
		➔ Schreibabläufe automatisieren			

Erfahrungs- und Lernbereiche Mathematik – Grundstufe 1

Aufbau der natürlichen Zahlen	Rechenoperationen	Größen	Geometrie
→ Feststellen von Eigenschaften → Unterscheiden und Vergleichen → Zuordnen, Ordnen → Zusammenfassen	→ Erarbeiten von Operationsbegriffen aus Spiel- und Sachsituationen → Rechenvorgänge spielerisch erfassen	→ Entdecken von und Hantieren mit Größen an Objekten aus dem kindlichen Erfahrungsbereich • Größenvergleiche • Gewichtsvergleiche • Schüttübungen • Zeitabläufe bewusst erleben • Erfahrungen mit Geld sammeln	→ Räumliche Positionen aus der Erlebniswelt des Kindes erfahren und erfassen: oben, unten, links, rechts ... → Umspannen, Umfahren, Umfassen von Körpern und Flächen
→ Gewinnen des Zahlenbegriffs im jeweiligen Zahlenraum • Mächtigkeitsvergleiche • Zählen • Simultan- und Gestalterfassen • Ordnen von Zahlen	→ Verstehen der Operationsstrukturen • Ausführen von Handlungen • Handlungen bildhaft, symbolisch, rechnerisch darstellen	→ Herstellen von Relationen durch Vergleichen, Schätzen, Messen	→ Orientierungsübungen in Form von Bewegungsaufträgen und Suchübungen → Wege begehen und beschreiben
→ Aufbauen, Darstellen und Durchgliedern von Zahlenräumen → Orientieren im jeweiligen Zahlenraum	→ Durchführen von Rechenoperationen • Addition, Subtraktion, Ergänzen, Multiplikation, Aufteilen, Verteilen • Verwendung der entsprechenden Symbole • Verwendung von Relationszeichen	→ Arbeiten mit Größen in Sachsituationen → Anwenden der Maßeinheiten Meter, Kilogramm, Liter und Schilling/Euro → Rechnen mit Geldwerten	→ Feststellen von Eigenschaften durch Bauen, Bewegen, Begreifen, Falten, Schneiden, Auslegen → Verwenden von Begriffen aus der Geometrie: rund, eckig, offen, geschlossen, Ecke, Kante, Rand ...
→ Lesen und Schreiben von Ziffern und Zahlen → Unterscheiden von Ziffer und Stellenwert der Ziffer	→ Erkennen von Beziehungen zwischen Operationen • Tauschaufgaben • Umkehraufgaben • Analogiebildungen	→ Herstellen und Anwenden von Maßbeziehungen • Längenmaße • Gewichtsmaße • Zeitmaße → Erfassen der Maßbeziehungen 100 zu 1	→ Sammeln von Erfahrungen zum Begriff Fläche: begreifen, ausmalen, nachfahren → Suchen und Benennen von Flächen → Flächen vergleichen und nach Eigenschaften ordnen → Begrenzungsflächen von Körpern hantierend erfassen und beschreiben
	→ Überschlagsrechnen → Schätzen von Ergebnissen → Verwenden von Rechenproben		→ Freies Bauen mit Würfeln, Bausteinen, Legosteinen, Naturmaterialien ... → Formen geometrischer Körper mit Knetmasse
	→ Lösen von Sachproblemen • Rollenspiel • Bildhaft • Rechnerisch		→ Handelndes Entdecken von Symmetrien
	→ Einmaleins → Einsineins		→ Hantieren mit dem Lineal

Die schon beim mündlichen Informationsgespräch verwendeten **Beobachtungsprotokolle** (Kindermund: das „Smily-Zeugnis") stellen eine vereinfachte Form der Lernziellisten dar. Sie werden für jede Klasse neu erstellt und vom Lehrerinnenteam in gemeinsamer Beratung vor Semesterschluss ausgefüllt. Die Bögen werden wegen ihrer großen Beliebtheit auch bei der Portfolio-Beurteilung wieder eingesetzt und auf Wunsch der Kinder in der Mappe gesammelt. Der Vergleich der Protokolle gibt Auskunft über den Lernzustand und den Lernzuwachs jedes Kindes.

Siehe Kopiervorlagen 12 und 13

Bei den Kindern mit sonderpädagogischem Förderbedarf werden auch die von uns für diese Kinder entwickelten **Lern- und Förderpläne** der Portfolio-Mappe beigelegt. So ist ein genauer Überblick über die Schwerpunkte unserer Arbeit mit dem Kind möglich.
Bei diesem Förderplan handelt es sich um einen groben Rahmenplan, der dann in Form kürzerer Zeitsequenz-Pläne, wie Tagespläne, Wochenpläne, Projektpläne (diese können über mehrere Wochen laufen), noch konkretisiert wird.

Siehe Kopiervorlage 3 und 4

→ Seite 12 *Kopiervorlage 12*

Beobachtungsprotokoll für ______

Arbeits- und Sozialverhalten
Selbstständigkeit
Konzentration / Ausdauer
Arbeitstempo
Einfügen in Sozialstrukturen
Regelverständnis

Sprechen
Wichtige Gesprächsregeln beachten, verstehen und befolgen
Ausdrucksvoll und deutlich sprechen
Wortschatz erweitern und differenzieren
Texte sinngestaltend sprechen
Gebrauch der Schriftsprache

Anmerkungen

Mathematik

Schriftliches Rechnen
Lösen von Sachproblemen
Rechnen mit Größen
Orientieren im Raum
Erfassen und Beschreiben geometrischer Figuren
Umfangsberechnungen
Hantieren mit dem Lineal

Motorik/Schrift/Texte
Koordination der Bewegung
Buchstabenformen
Beziehung Druckschrift – Schulschrift
Schreibabläufe automatisieren
Freude am Verfassen von Texten entwickeln
Abschreiben
Freies Schreiben

Lesen

Kopiervorlage 13 *→ Seite 12*

Weltbegegnung
Naturbegegnung
Umgang mit Geräten
Mitarbeit an Projekten
Selbsttätigkeit
Experimentelles Arbeiten

Werkerziehung
Produktives und schöpferisches Denken
Beobachten lernen
Feinmotorik
Genauigkeit bei der Ausführung des Werkstückes
Umgang mit Werkzeugen und Werkstoffen

Rechtschreiben/Sprachbetrachtung

Musische Erziehung
Rhythmik
Bewusstes Hören
Musikalischer Ausdruck
Kreative Gestaltungsfähigkeit
Bildordnung
Ausführen von Details
Sammeln von Materialerfahrungen
Ausführen verschiedener Techniken

Religion
Mitarbeit
Interesse an religiösen Inhalten

Erklärung
Wir wurden über den Leistungsstand, Lernzuwachs und Lernfortschritt in allen Pflichtgegenständen in

Kopiervorlage 3 *→ Seite 12*

Förderplan für ______

Motorik – Psychomotorik

Grobmotorik
Kraft- und Ausdauertraining: laufen und abstoppen, hüpfen und springen, Minitrampolin springen
Muskelkräftigungsübungen im Schultergürtelbereich: hangeln, klettern, schwingen, abstützen, hochziehen ...
Muskelspann- und -entspannungsübungen, isometrische Übungen
Rutschen
Übungen mit Pedalos, mit dem Rollbrett
Ergotherapeutische Übungen: schaukeln, rollen auf verschiedenen Materialien

Feinmotorik

Fingerkräftigungsübungen:
Reißen – Papier, Stoff, Karton, Blätter
Kneten – Plastilin, Teig, Papiermaché, Ton, Sand, Papierbälle, Touchbälle, Mehlluftballons
Schraubübungen – Gläser, Schrauben in Holz drehen, Flügelmuttern auf Schrauben drehen, Tuben, Fläschchen

Schüttübungen – Kipp-Drehbewegungen:
Körner löffeln, Wasser schöpfen, Korken fischen, Sand rieseln, Rieselspiele mit Bohnen, Kastanien, Linsen, Erbsen ...

Schulter- und Ellbogenbeweglichkeit:
Richtungs- und Formenschwingen mit Tüchern, Keulen, Seilen, Reifen, Bällen

Handgelenksbeweglichkeit:
Klatschspiele, Steckspiele, Wollknäuel aufwickeln, Ball prellen, Reissäckchen schleudern, schneiden mit Messer und Schere

Fingerbeweglichkeit:

Koordination
Rollbrett fahren
Slalom fahren, gehen, laufen
Hindernisse überwinden
Kriech- und Krabbelübungen mit und ohne Geräte
Bälle werfen und fangen, Ziel schießen
Tücher werfen und fangen
Hampelmann spielen
Kegel scheiben
Stiegen steigen
Minitrampolin springen mit Handbewegung
Kinästhetische Überkreuzbewegungen

Visuomotorische Übungen
Beidarmiges Zeichnen und Malen
Kugeln rollen auf der Achterbahn und auf dem Kleeblatt
Labyrinthspiele
Angelspiele
Wurfringspiele

Körperwahrnehmung
Kugelbad
Körperformen stecken auf der Lochwand
Körpermassage: Massieren mit Noppenbällen, mit dem Tut-mir-wohl-Männchen

Gleichgewichtswahrnehmung
Übungen aus Grobmotorik und Koordination: schaukeln, wippen, Trampolin springen, Rollbrett und Pedalo fahren, rollen in der Schlauchrolle, Stiegen steigen
gehen mit verbundenen Augen
schaukeln und wippen auf den Therapiebällen
Übungen mit Drehungen um die Körperlängsachse: Drehscheibe, Minitrampolin
gehen auf dem Balanceseil
balancieren auf Brettern und Langbänken

→ Seite 12 *Kopiervorlage 4*

Wahrnehmungsbereiche

Taktil-kinästhetische Wahrnehmung
Ganzkörperstimulation mit verschiedenen Materialien: Bälle, Reissäckchen, Kartonrollen, Tücher ...
Handzeichnungen auf dem Rücken
Anzahl von Berührungsreizen feststellen
Blinde Kuh
Tastspiele mit dem Tastkasten
Einsatzzylinder
Tastmemory

Raumwahrnehmung
Umsetzen von Raumbegriffen auf Papier
Bauen nach Vorlage mit Nikitin und Structuro Würfeln
Bauen mit Lego-Steinen
Rechts-links-Übungen am Körper und am Papier
Spiegelbild-Übungen

Visuelle Wahrnehmung
Augengymnastik – Übungen aus der Kartei
Übungen zur visuellen Serialität – Reihenfolgen legen, Bildgeschichten ordnen

Kognition
Serien legen und einprägen
Häferlgucker
Allgemeine Übungen zum Gedächtnistraining – Ge-

Konzentration – Aufmerksamkeit
Übungen der Stille
Detektivspiele
Puzzlespiele
Linsen picken mit der Pinzette

Sprache

Anweisungsverständnis
Umsetzen zwei- und dreiteiliger Anweisungen
Bilder und Piktogramme deuten
Zu Anordnungen Bilder und Piktogramme erfinden

Sprachfähigkeit
Übungen zur korrekten Artikulation und Lautbildung – Mundgymnastik: Blasen, Unterkiefer, Zunge, Wangen, Lippen, Gaumensegel
Bewegungshandlungen zum Begreifen grammatischer Strukturen: Ich gehe zur Tür. ...
Zu Bildern sprechen und erzählen
Wortschatz- und Begriffsbildungsübungen: Oberbegriffe, Unterbegriffe
Satzbildungsübungen: Dreiwortsatz, Vierwortsatz, Personalformen, Prädikatformen

Sprachgedächtnis
Bewegungslandschaften in Verbindung mit Sprache
Verbalisieren der Bewegungsabfolgen und Umsetzen in Bilder

Seit unseren ersten Portfolio-Informationsgesprächen waren ca. 8 Wochen vergangen. In dieser Zeit hatten wir schon vorhandene Unterlagen gesammelt und gesichtet, Mappen angefertigt und Lernziellisten ausgearbeitet. Nun überlegten Christine und ich gemeinsam Kriterien für einen **Entwicklungsraster**.

Da wir gerne in Form von fächerübergreifenden Projekten arbeiten, wollten wir unser Hauptaugenmerk zu Beginn auch darauf legen. Sechs Bereiche waren uns dabei wichtig:

- Selbstständigkeit und Kreativität,
- forschendes und entdeckendes Lernen,
- Struktur der Arbeit,
- Teamarbeit,
- Inhalt,
- Genauigkeit und Sorgfalt.

Die Beurteilung erfolgt in drei Kategorien.

Das Ergebnis unserer gemeinsamen Arbeit wurde sowohl den Eltern als auch den Kindern vorgestellt.

Die Anforderungen, die diesem Raster zu Grunde liegen, werden in weiterer Folge für die 3. und 4. Klasse adaptiert.

Siehe Kopiervorlage 11

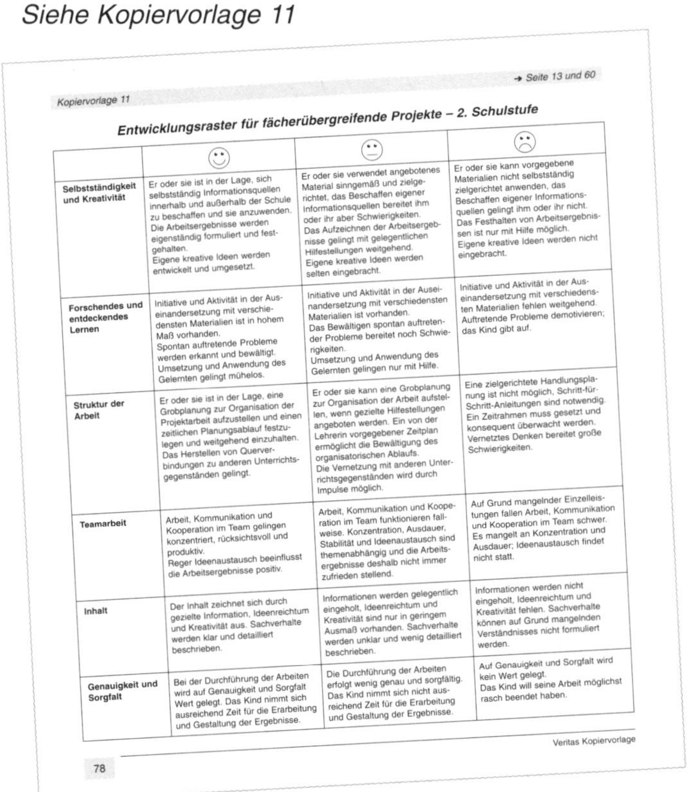

Kopiervorlage 11

→ Seite 13 und 60

Entwicklungsraster für fächerübergreifende Projekte – 2. Schulstufe

	☺	😐	☹
Selbstständigkeit und Kreativität	Er oder sie ist in der Lage, sich selbstständig Informationsquellen innerhalb und außerhalb der Schule zu beschaffen und sie anzuwenden. Die Arbeitsergebnisse werden eigenständig formuliert und festgehalten. Eigene kreative Ideen werden entwickelt und umgesetzt.	Er oder sie verwendet angebotenes Material sinngemäß und zielgerichtet, das Beschaffen eigener Informationsquellen bereitet ihm oder ihr aber Schwierigkeiten. Das Aufzeichnen der Arbeitsergebnisse gelingt mit gelegentlichen Hilfestellungen weitgehend. Eigene kreative Ideen werden selten eingebracht.	Er oder sie kann vorgegebene Materialien nicht selbstständig zielgerichtet anwenden, das Beschaffen eigener Informationsquellen gelingt ihm oder ihr nicht. Das Festhalten von Arbeitsergebnissen ist nur mit Hilfe möglich. Eigene kreative Ideen werden nicht eingebracht.
Forschendes und entdeckendes Lernen	Initiative und Aktivität in der Auseinandersetzung mit verschiedensten Materialien ist in hohem Maß vorhanden. Spontan auftretende Probleme werden erkannt und bewältigt. Umsetzung und Anwendung des Gelernten gelingt mühelos.	Initiative und Aktivität in der Auseinandersetzung mit verschiedensten Materialien ist vorhanden. Das Bewältigen spontan auftretender Probleme bereitet noch Schwierigkeiten. Umsetzung und Anwendung des Gelernten gelingen nur mit Hilfe.	Initiative und Aktivität in der Auseinandersetzung mit verschiedensten Materialien fehlen weitgehend. Auftretende Probleme demotivieren; das Kind gibt auf.
Struktur der Arbeit	Er oder sie ist in der Lage, eine Grobplanung zur Organisation der Projektarbeit aufzustellen und einen zeitlichen Planungsablauf festzulegen und weitgehend einzuhalten. Das Herstellen von Querverbindungen zu anderen Unterrichtsgegenständen gelingt.	Er oder sie kann eine Grobplanung zur Organisation der Arbeit aufstellen, wenn gezielte Hilfestellungen angeboten werden. Ein von der Lehrerin vorgegebener Zeitplan ermöglicht die Bewältigung des organisatorischen Ablaufs. Die Vernetzung mit anderen Unterrichtsgegenständen wird durch Impulse möglich.	Eine zielgerichtete Handlungsplanung ist nicht möglich, Schritt-für-Schritt-Anleitungen sind notwendig. Ein Zeitrahmen muss gesetzt und konsequent überwacht werden. Vernetztes Denken bereitet große Schwierigkeiten.
Teamarbeit	Arbeit, Kommunikation und Kooperation im Team gelingen konzentriert, rücksichtsvoll und produktiv. Reger Ideenaustausch beeinflusst die Arbeitsergebnisse positiv.	Arbeit, Kommunikation und Kooperation im Team funktionieren fallweise. Konzentration, Ausdauer, Stabilität und Ideenaustausch sind themenabhängig und die Arbeitsergebnisse deshalb nicht immer zufrieden stellend.	Auf Grund mangelnder Einzelleistungen fallen Arbeit, Kommunikation und Kooperation im Team schwer. Es mangelt an Konzentration und Ausdauer; Ideenaustausch findet nicht statt.
Inhalt	Der Inhalt zeichnet sich durch gezielte Information, Ideenreichtum und Kreativität aus. Sachverhalte werden klar und detailliert beschrieben.	Informationen werden gelegentlich eingeholt, Ideenreichtum und Kreativität sind nur in geringem Ausmaß vorhanden. Sachverhalte werden unklar und wenig detailliert beschrieben.	Informationen werden nicht eingeholt, Ideenreichtum und Kreativität fehlen. Sachverhalte können auf Grund mangelnden Verständnisses nicht formuliert werden.
Genauigkeit und Sorgfalt	Bei der Durchführung der Arbeiten wird auf Genauigkeit und Sorgfalt Wert gelegt. Das Kind nimmt sich ausreichend Zeit für die Erarbeitung und Gestaltung der Ergebnisse.	Die Durchführung der Arbeiten erfolgt wenig genau und sorgfältig. Das Kind nimmt sich nicht ausreichend Zeit für die Erarbeitung und Gestaltung der Ergebnisse.	Auf Genauigkeit und Sorgfalt wird kein Wert gelegt. Das Kind will seine Arbeit möglichst rasch beendet haben.

Veritas Kopiervorlage

78

Nun wurden alle Projektbücher von den Kindern zusammengetragen, die schönsten, eigenständigsten und am besten gelungenen Arbeiten ausgewählt und in die Mappen gegeben. Die **Auswahl der Arbeiten** lag und liegt bei den Kindern. Von der Möglichkeit sich mit MitschülerInnen, Eltern oder Lehrerinnen zu beraten wurde anfangs eifrig Gebrauch gemacht, mittlerweile wählen die Kinder mit großem Selbstbewusstsein schon ganz alleine aus und suchen oder brauchen kaum mehr Ratschläge.

Als Dokumentation ihrer täglichen bzw. wöchentlichen Arbeit werden laufend Dossiers mit Tagesplänen, Wochenplänen, Kontrollblättern zu den Bereichen Rechtschreiben und Einmaleins angelegt und in der Mappe aufbewahrt. Leselisten und Einmaleins-Diplom kommen dazu. Außerdem enthält die Mappe (laut Kindermund) „die Smily-Bögen, damit man die Smilies nicht immer nur kurz anschauen kann und dann sind sie für immer weg!"
Lebenslauf und Selbstporträt des Kindes werden jährlich neu erarbeitet. Die „alten Produkte" werden mit den anderen Arbeiten aufbewahrt. So kann man im Vergleich der einzelnen Arbeiten einen genauen Überblick über die Entwicklung und die Fortschritte des Kindes gewinnen.

Als unsere Arbeit so weit gediehen war, zeigten sich die Kinder stolz mit ihren Mappen.

Die Portfolios wurden im darauf folgenden Schuljahr weiter geführt, dabei war unser nächster Schritt das Anlegen von Selbst-Beobachtungsprotokollen für die Kinder. Wir bemühten uns, die Formulierungen der **Lernziele** in eine für Kinder verständliche Sprache umzusetzen. Deshalb sind sie auch nicht völlig ident mit unseren Beobachtungsprotokollen.
Auf diesen Bögen legt jedes Kind zu Semesterbeginn sein *persönliches Lernziel* fest, indem es in Einzelgesprächen den aktuellen Stand verbalisiert und dann auf dem Bogen den Smily ausmalt, den es erreichen möchte. Zu Semesterende überprüft das Kind, ob die angestrebten Ziele seiner Meinung nach auch erreicht werden konnten. Erreichte Ziele werden abgehakt, bei nicht erreichten Zielen wird der Smily ausgemalt, der dem aktuellen Lernstand entspricht.
Dieser Vorgang soll die Kinder zu **Selbsteinschätzung und Selbstreflexion** anhalten. Dies wiederum sind wichtige Komponenten des selbstbestimmten Lernens. Lernerfolg korreliert eng mit Selbsteinschätzung, Selbstevaluierung und Selbstwertgefühl.

Siehe Kopiervorlagen 18, 19 und 20

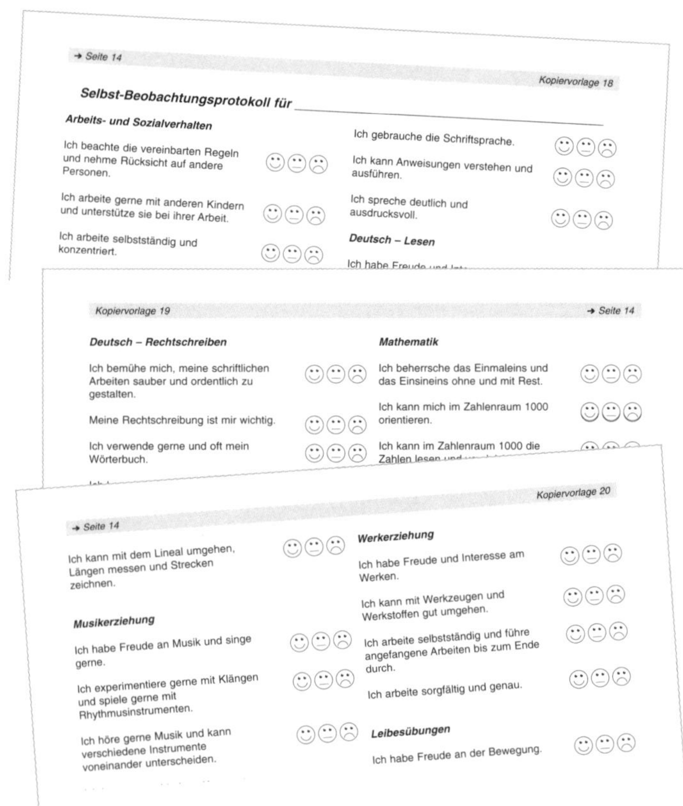
→ Seite 14 Kopiervorlage 18

Selbst-Beobachtungsprotokoll für ____________

Arbeits- und Sozialverhalten

Ich beachte die vereinbarten Regeln und nehme Rücksicht auf andere Personen.

Ich arbeite gerne mit anderen Kindern und unterstütze sie bei ihrer Arbeit.

Ich arbeite selbstständig und konzentriert.

Ich gebrauche die Schriftsprache.

Ich kann Anweisungen verstehen und ausführen.

Ich spreche deutlich und ausdrucksvoll.

Deutsch – Lesen

Kopiervorlage 19 → Seite 14

Deutsch – Rechtschreiben

Ich bemühe mich, meine schriftlichen Arbeiten sauber und ordentlich zu gestalten.

Meine Rechtschreibung ist mir wichtig.

Ich verwende gerne und oft mein Wörterbuch.

Mathematik

Ich beherrsche das Einmaleins und das Einsineins ohne und mit Rest.

Ich kann mich im Zahlenraum 1000 orientieren.

Ich kann im Zahlenraum 1000 die Zahlen lesen …

→ Seite 14 Kopiervorlage 20

Ich kann mit dem Lineal umgehen, Längen messen und Strecken zeichnen.

Musikerziehung

Ich habe Freude an Musik und singe gerne.

Ich experimentiere gerne mit Klängen und spiele gerne mit Rhythmusinstrumenten.

Ich höre gerne Musik und kann verschiedene Instrumente voneinander unterscheiden.

Werkerziehung

Ich habe Freude und Interesse am Werken.

Ich kann mit Werkzeugen und Werkstoffen gut umgehen.

Ich arbeite selbstständig und führe angefangene Arbeiten bis zum Ende durch.

Ich arbeite sorgfältig und genau.

Leibesübungen

Ich habe Freude an der Bewegung.

Einmal monatlich werden die Kinder zu **Portfolio-Gesprächen** eingeladen. Wir führen diese Gespräche z. T. einzeln, z. T. in Kleingruppen durch. Dabei wird die Mappenführung kontrolliert, Inhalt und Ergebnisse werden besprochen, neue Inhalte ausgewählt und Zeitpläne gemeinsam überprüft.
Durch die vielen verkürzten Wochen stellt sich diese Arbeit im Sommersemester als schwierig, weil zeitraubend, heraus.

Bei den **Semester-Informationsgesprächen** präsentieren die Kinder den Eltern ihre Mappen und reflektieren über ihre Arbeit. Die Grundlage für die Gespräche bilden zunächst die Selbst-Beobachtungsprotokolle der Kinder, die dem Lehrerinnen-Protokoll gegenüber gestellt werden. So werden etwaige Differenzen aufgezeigt und gemeinsam mit den Kindern und den Eltern besprochen.
Als Maßstab für die Projektbücher wird der Entwicklungsraster herangezogen. Auch dabei wird versucht, den aktuellen Stand in einem Eltern-Kinder-Lehrerinnen-Gespräch zu klären bzw. darzulegen.
Die bisherigen Erfahrungen mit dem Entwicklungsraster verliefen durchwegs positiv. Da sich die Kinder unserer Klasse durch Smilies sehr leicht motivieren lassen, bemühen sie sich seit ihrer Einführung viel mehr,

- Eigeninitiative zu entwickeln,
- aktiv an Projekten mitzuarbeiten,
- kreative Ideen einfließen zu lassen,
- nach Wissen und Materialien auch im außerschulischen Bereich zu forschen,
- kooperativ in einem kleinen Team zu arbeiten,
- ihre Nachforschungen auch entsprechend zu dokumentieren und zu präsentieren.

Zu Beginn des folgenden Schuljahres wollten wir die Meinung der Eltern über die Portfolio-Beurteilung hören. Daher baten wir beim ersten Klassenforum in der 3. Klasse die anwesenden Eltern, mit einem von uns erstellten Fragebogen anonym Stellung zu nehmen. Das Ergebnis war in höchstem Maß zufrieden stellend. Die meisten Eltern stellten fest: „Das Portfolio stärkt Selbstbewusstsein und Selbstvertrauen meines Kindes!"

In diesem Jahr trauten wir uns zu, die Kinder zu Selbstreflexionen anzuregen. Zu diesem Zweck entwickelten wir **Lernberichte**, die sie zum Nachdenken über sich selbst, das Sozialgefüge der Klasse, die Arbeit in der Schule, über Erfolg und Misserfolg ... anhielten.

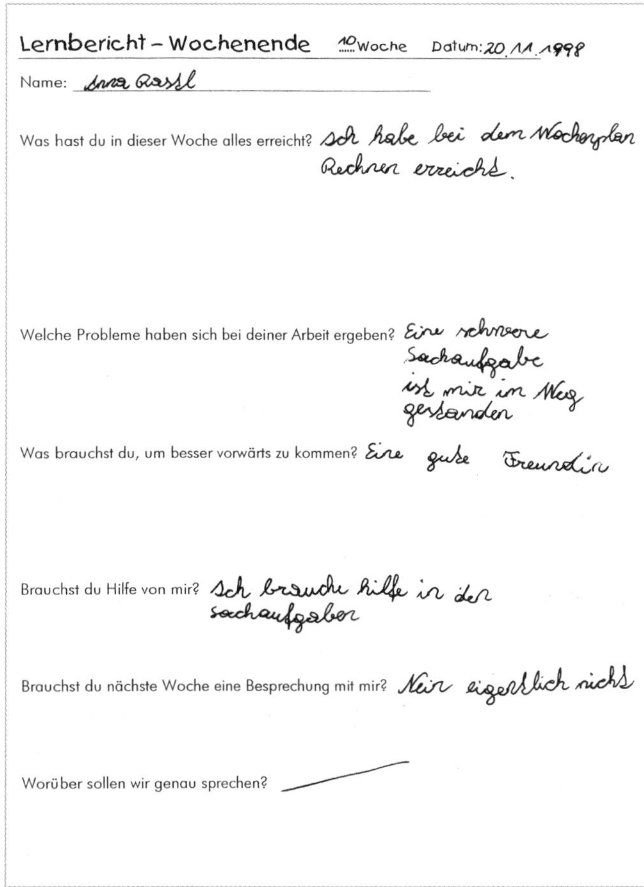
Lernbericht – Wochenende 10 Woche Datum: 20.11.1998

Name: Anna Rassl

Was hast du in dieser Woche alles erreicht? Ich habe bei dem Wochenplan Rechnen erreicht.

Welche Probleme haben sich bei deiner Arbeit ergeben? Eine schwere Sachaufgabe ist mir im Weg gestanden

Was brauchst du, um besser vorwärts zu kommen? Eine gute Freundin

Brauchst du Hilfe von mir? Ich brauche hilfe in der sachaufgaben

Brauchst du nächste Woche eine Besprechung mit mir? Nein eigentlich nicht

Worüber sollen wir genau sprechen? ———

Zum Abschluss des Schuljahres planen wir für Ende Juni ein **Portfolio-Fest**. Im Mittelpunkt dieses Festes soll die Präsentation unseres Heimatkunde-Projektes stehen. Die Kinder der einzelnen Projektgruppen dürfen ihre Arbeitsergebnisse den anwesenden Eltern und MitschülerInnen vorstellen. Von den Eltern wird für ein Jausenbuffet gesorgt, das in der Schulhalle aufgebaut wird. An diesem Nachmittag haben die Kinder die Möglichkeit, den Eltern ihre Portfolio-Mappen zu zeigen, ihnen ihre ausgewählten Arbeitsprodukte vorzustellen und zu erklären. Die Informationsgespräche sollen so weit wie möglich in diesen Nachmittag miteinfließen.

Für den Abschied von unseren Kindern am Ende der 4. Klasse haben wir uns etwas Besonderes ausgedacht.

Da ich gerne filme, wird jedes Kind ein Video für die Portfolio-Mappe erhalten, das von mir im Lauf der vier Schuljahre gedreht wurde. Es zeigt den ersten Schultag genauso wie verschiedene Lern- und Spielsituationen, Freiarbeit, Projektarbeit, Ausflüge, Personen, die in die Schule kamen, Künstler, die mit uns gearbeitet haben ... Dieses Band hat einerseits Erinnerungswert für das Kind und seine Familie, bietet andererseits aber auch die Möglichkeit, Kinder in verschiedenen Lernsituationen zu beobachten.
Mit dieser individuell gestalteten Basisinformation über das eigene Zielsetzungs- und Leistungsverhalten verlassen die Kinder nun die Volksschule. In der Sekundarstufe könnte diese Portfolio-Mappe die Grundlage für ein ausführliches Einführungsgespräch darstellen.

Grundlegende Information

1. Was ist ein Portfolio?

Portfoliobeurteilung ist eine gängige Beurteilungsform bei KünstlerInnen und JournalistInnen. Wenn sich KünstlerInnen an einer Akademie bewerben oder JournalistInnen bei einer Agentur vorstellen, bringen sie in einer Mappe – einem Portfolio – außer den Produkten, die sie geschaffen haben, Rezensionen, Fotografien, Videoaufnahmen und andere Beispiele mit, die ihren **Werdegang**, die **Vielfalt** ihrer Talente und ihre gesellschaftliche **Anerkennung** dokumentieren. Die bloße Vorlage von Schulzeugnissen mit den üblichen Ziffernnoten wurde in diesen Berufsfeldern immer als unzulänglich empfunden, da der Werdegang und die Ausdruckskraft der Person den Ziffernnoten nicht ausreichend entnommen werden kann.

Das vorangestellte Beispiel aus einer Volksschulklasse zeigt, dass Portfolios auch in den Unterricht Gewinn bringend integriert werden und eine informative Grundlage für eine alternative Form der Leistungsbeurteilung bilden können. SchülerInnen werden angeregt, repräsentative Dokumente ihres Lernens zu sammeln, die ihre besten Leistungen und vor allem auch ihre „Lern-Entwicklung" veranschaulichen.[1]

Portfolios sind nicht eine Sammlung irgendwelcher Schülerarbeiten, sondern eine **Sammlung von „Beweismitteln"**, die zeigen, dass SchülerInnen bestimmte Ziele erreicht haben oder an welcher Stelle sie auf dem Weg zu diesen Zielen sind. Die beiden Lehrerinnen unseres Beispieles entwickelten daher zuerst Listen mit den *Lehrplanzielen* zu den Erfahrungs- und Lernbereichen, in denen sie Portfolios einsetzen wollten (siehe S. 9ff). Darüber hinaus können Portfolios auch das Erreichen von Zielen aufzeigen, die sich die SchülerInnen als *persönliche Ziele* zusätzlich zu den Unterrichtszielen selbst gesetzt haben.

Eine wesentliche Voraussetzung für die Portfoliobeurteilung ist, dass den SchülerInnen die Zielsetzungen des Unterrichts einsichtig sind, sodass sie selbstständig die Lernprodukte für das Portfolio auswählen können. Zu diesem Zweck „übersetzten" die beiden Lehrerinnen die Lernziellisten in die **„Selbst-Beobachtungsprotokolle"**, auf denen die Kinder auf der „Smily-Skala" ihren anfänglichen Lernstand und den am Semesterende erreichten einschätzten. Diese „Selbst-Beobachtungsprotokolle" sind bei den Elterngesprächen am Ende eines Halbjahres neben den Beobachtungsprotokollen der Lehrerinnen ein wichtiger Gesprächsinhalt (siehe S. 12 und 14). Diese für die Kinder – zumindest nach entsprechenden Erklärungen – verständlichen Ziele haben einen mittleren Abstraktionsgrad, sodass verschiedene SchülerInnen sehr unterschiedliche Produkte für die Aufnahme in ihr Portfolio auswählen können, die ihren *individuellen Lernweg* kennzeichnen. Diese Art der Beurteilung eignet sich daher besonders für die verschiedenen Formen des offenen und differenzierten Unterrichts. Zu den Stärken von Portfolios zählt, dass einerseits die SchülerInnen dabei lernen, die eigenen Leistungen sachgemäß zu beurteilen, also zur **Selbstbeurteilung** befähigt werden, andererseits jedem Betrachter eines Portfolios – sei es die Lehrperson, seien es die Eltern oder andere an den Leistungen der Kinder interessierte Personen – eine fundierte Fremdbeurteilung ermöglicht wird. Die im Portfolio dokumentierten Leistungen sprechen für sich, können aber auch mit Ziffernnoten oder mit qualitativen Aussagen, wie Leistungsbeschreibungen, beurteilt werden.

Portfoliobeurteilungen fordern und fördern eine hohe **Selbstständigkeit** der SchülerInnen. Sie lernen mit Hilfe der LehrerInnen geeignete Dokumente auszuwählen, die Qualität ihrer Lernprodukte zu beurteilen und sich neue Lernziele für ihre individuelle Lernarbeit zu setzen. Wie schnell die Kinder dies lernen, verblüffte auch die beiden Lehrerinnen unseres Fallbeispiels. Auf diese Weise übernehmen SchülerInnen in hohem Grad Verantwortung für ihr eigenes Lernen.

Die **Dokumente**, die SchülerInnen in ihrer Mappe sammeln, setzen sich aus **vier Typen** zusammen:

- Arbeitsergebnisse, die von der Schule gefordert werden,
- Arbeitsergebnisse, die außerhalb des Unterrichts auf Initiative des Schülers oder der Schülerin entstehen,
- Rückmeldungen (Beobachtungen) der LehrerInnen und
- Schülerreflexionen.

[1] Dieses Grundprinzip finden Sie schon bei der direkten Leistungsvorlage, die Professor Vierlinger in seiner Zeit als Direktor der Pädagogischen Akademie der Diözese in Linz entwickelte.

Schulische Arbeitsergebnisse können – wie in unserem Beispiel – Arbeits- und Kontrollblätter, Hausaufgaben, Projektbücher, aber auch Forschungsarbeiten, Fotos, Audiokassetten und Videoaufzeichnungen einer Schüleraufführung oder einer -präsentation sein. Nicht nur die fertigen Produkte sollten gezeigt werden, sondern auch erste Versuche, Skizzen etc., die dem Betrachter vermitteln, dass Lernen ein Prozess ist und wie dieser Lernprozess abgelaufen ist. Dies ermöglicht den LehrerInnen, gezielt zu helfen und die Lernfortschritte zu beurteilen, was vor allem bei schwächeren SchülerInnen wichtig ist. Eine besonders nette Idee der Klassenlehrerin in unserem Beispiel ist, auf einem Videoband[1] Beispiele der Arbeit und des Verhaltens eines jeden Kindes über die vier Grundschuljahre zu sammeln und jedem Kind ein solches Band zum Abschluss der Grundschule zu geben.

Außerschulische Dokumente ermöglichen, dass die Kinder auch zeigen können, was sie außerhalb der Schule alles lernen, und runden so das Bild des Leistungsverhaltens in einem ganzheitlichen Sinn ab. Solche Dokumente können Eintrittskarten, Veranstaltungsprogramme, Ausstellungskataloge usw. sein, die beweisen, dass SchülerInnen sich mit einem schulisch relevanten Bereich außerschulisch intensiver auseinander gesetzt haben. Weiters sind Zusammenfassungen von Gesprächen, die sie mit Leuten außerhalb der Schule geführt haben, Leselisten und zusätzliche Ideen und Reflexionen der Kinder möglich.

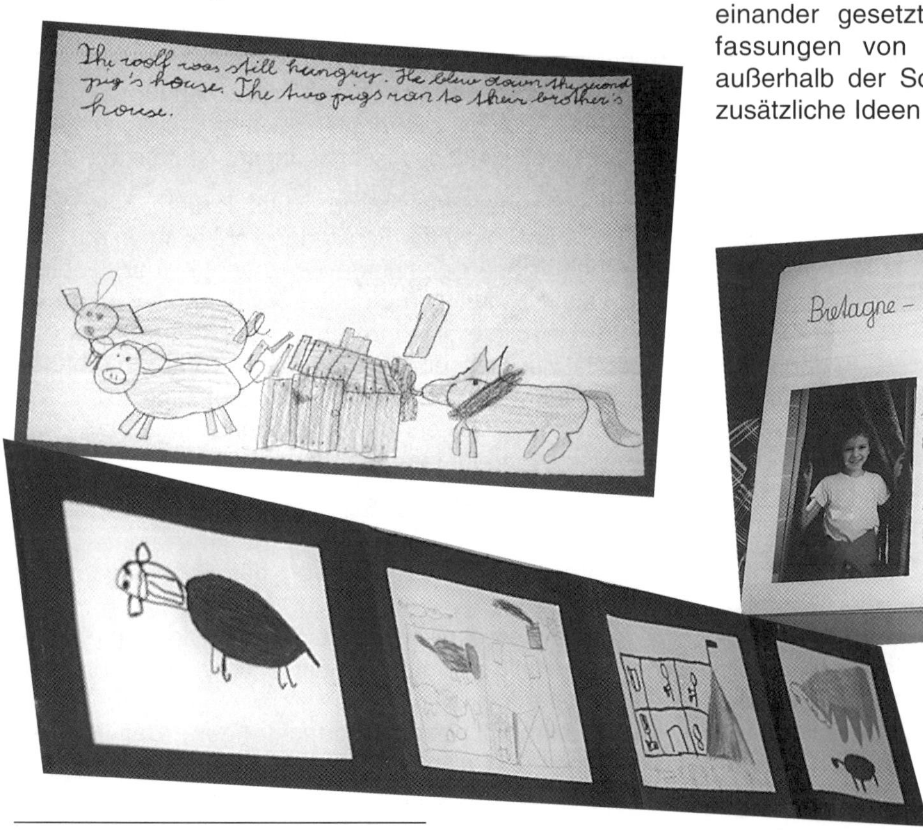

[1] Die Kosten für die Videokassette wurden in diesem Fall von den Eltern übernommen. Eine andere Möglichkeit wäre, dafür einen Sponsor zu finden.

Auch die Dokumentation von Tätigkeiten in Sportvereinen, Musikschulen usw. können herangezogen werden.

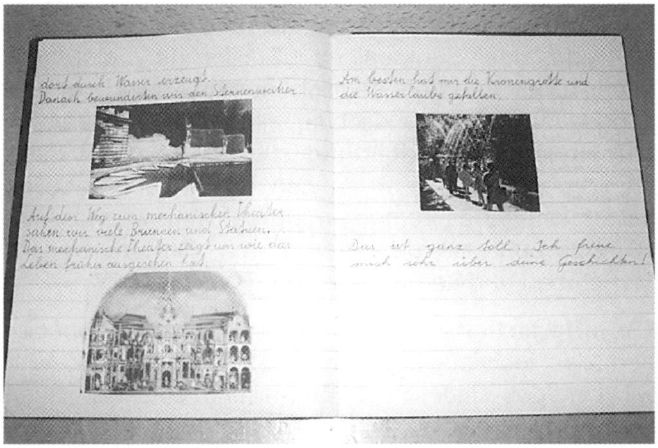

Die Mappe kann auch **Beobachtungen von LehrerInnen und ErzieherInnen** über Lernfortschritte enthalten, die sie mit den SchülerInnen besprochen haben. Diese Funktion haben die Beobachtungsprotokolle der beiden Lehrerinnen in unserem Beispiel.

Die **Schülerreflexionen** sollen zur eigenen Steuerung des Lernens beitragen. Der „Lernbericht" in unserem Beispiel zeigt, wie das angeleitet werden kann. Inhalte der Schülerreflexionen sollten die persönlichen Lernziele sein, der eigene Lernfortschritt und die Überlegungen, die zur Auswahl der Arbeitsergebnisse geführt haben. Die von der Lehrperson vorgegebenen Unterrichtsziele müssen von den SchülerInnen in persönliche Lernziele umformuliert werden, die klar machen, worauf die SchülerInnen ihren Schwerpunkt legen möchten. Nur so ist gewährleistet, dass die Ziele der Lehrperson zu den Zielen der SchülerInnen werden. Die Erfahrungen mit den „Smily-Selbstbeobachtungsbögen" zeigen in unserem Beispiel, wie gern Kinder hier mitarbeiten.

Regelmäßige **LehrerIn-SchülerIn-Gespräche** über den momentanen Inhalt des Portfolios helfen den SchülerInnen, ihren Lernerfolg zu evaluieren und sich neue detaillierte Lernziele zu setzen. Unsere Lehrerinnen versuchten wenigstens einmal monatlich mit jedem Kind ein solches Gespräch zu führen, auch wenn sie die notwendige Zeit oft schwer fanden (siehe S. 15). In diesen Besprechungen beschreiben die SchülerInnen ihre persönlichen Lernziele und vergleichen sie mit den Unterrichtszielen. Sie stellen den Inhalt ihrer Mappe vor und argumentieren, warum gerade diese Dokumente die Erreichung der Lernziele veranschaulichen. In dem Reflexionsgespräch mit dem Lehrer, der LehrerIn soll überlegt werden, ob auch andere Produkte für die Mappe interessant wären. Hier werden auch mögliche Missverständnisse geklärt und ein gemeinsames Urteil hinsichtlich der Zielerreichung formuliert. Danach können gemeinsam neue Lernziele gesetzt werden. Den Lehrerinnen unseres Beispieles halfen bei diesen Gesprächen auch die Beobachtungen, die sie mit Hilfe ihres „Entwicklungsrasters für fächerübergreifende Projekte" festgehalten haben (siehe S. 13).

Als **Vorbereitung auf das Gespräch** sollen die SchülerInnen das für sie Wesentliche schriftlich zusammenfassen. Zu jedem Produkt, das in die Mappe aufgenommen wurde, soll ein kurzer Text verfasst werden, der Auskunft über die oben angeführten Gesprächsinhalte gibt. Diese Angaben helfen den SchülerInnen, sich bewusst zu werden, was sie gelernt haben, und sie helfen den LehrerInnen zu verstehen, wie die SchülerInnen die Unterrichtsziele interpretiert haben und welche Lernprozesse in ihnen vorgehen. Die Anleitung zu den SchülerInnenreflexionen helfen den SchülerInnen, die eigenen Leistungen an den selbst gesteckten Zielen zu messen und zu beurteilen. Während des Portfoliogesprächs machen sich SchülerInnen und LehrerInnen Notizen über Verbesserungsvorschläge und Entscheidungen, die gemeinsam getroffen werden. Diese Notizen können auch beim Festsetzen der neuen Lernziele helfen.

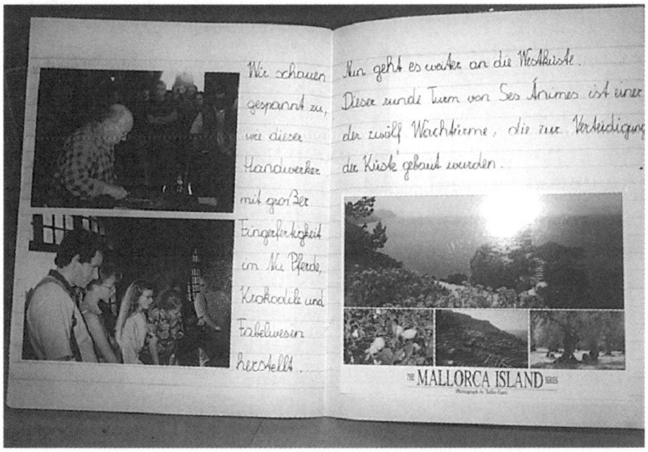

2. Warum und wozu Portfolios?

„Portfoliobeurteilung wird offenen Unterrichtsformen und individuellen Lernzielen am besten gerecht. Sie fördert das Selbstbewusstsein und hebt das Selbstwertgefühl und die Motivation des Kindes." Brigitte Loidl, VS Bad Ischl-Ost

„Es erfordert Selbstständigkeit der Kinder, Portfolioentscheidungen zu treffen – keine Fremdbestimmungen über eigene Leistungen." Sonja Schenner, VS Goisern

„Mit einem Portfolio kann die spezielle Begabung, das besondere Interesse und die Arbeitsweise der SchülerInnen dokumentiert werden." Roswitha Renezeder, VS Altenberg

„Warum? Weil es die Lernzielliste, deren Formulierung für alle gleich ist, zu einem erst wirklich individuellen Beurteilungsinstrument werden lässt." Annemarie Schweiger, VS Kirchberg

„Die gesammelten Werke zeigen die individuell aufgebaute Unterrichtsarbeit. Die Ergebnisse spiegeln die Fortschritte des Kindes wider. Es liegt genau auf, was das Kind kann und was es können sollte." Edith Steffan, VS Schenkenfelden

„Portfolios zeigen einen Rückblick auf die geleistete Arbeit, fassen die uns wichtigen Arbeiten zusammen, beziehen den Schüler, die Schülerin bei der Leistungsbeurteilung stark ein und geben sehr detaillierte Beispiele. – Auch ein Außenstehender bekommt ein Bild." Gabi Weißmann, VS Oberneukirchen

Die Lehr- und Lernforschung zeigt, dass Leistungsfeststellungen und Leistungsbeurteilungen das Lernen beeinflussen – direkt und indirekt, positiv und negativ. Positive Auswirkungen auf das Lernen der Kinder können wir nur dann erzielen, wenn das in der Schule realisierte pädagogische bzw. didaktische Konzept und die Form der Leistungsbeurteilung aufeinander abgestimmt sind. Dies klingt als selbstverständliche Forderung, wird aber immer noch in den schulgesetzlichen Regelungen missachtet. In Österreich schreibt das SchUG für alle Schulstufen, Schularten und Unterrichtsgegenstände dieselben Beurteilungsformen vor.

Ilse Lichtenstein-Rother arbeitete 1986 in ihrem Referat während des Symposions „Fördernde Leistungsbeurteilung" in Wien deutlich heraus, dass der Bildungsauftrag der Grundschule, allen SchülerInnen eine **gemeinsame Grundbildung** zu vermitteln, nur dann erfüllt werden kann, wenn den Kindern individuelles selbstgesteuertes Lernen ermöglicht wird, was aber im Widerspruch zu den normierten Anforderungen, Maßstäben und Lernzeiten steht.

Ein **differenzierter Unterricht** erfordert das Einbeziehen der individuellen Voraussetzung und der Entwicklung des Kindes in die Beurteilung. Gabriele Faust-Siehl, Professorin an der Universität Frankfurt und Vorsitzende des Arbeitskreises Grundschule in Deutschland, fordert daher, dass die Beurteilung zur „Lernprozessbegleitung" werden muss. Der Unterricht in den Grundschulen entspricht der Forderung nach Individualisierung und Differenzierung, die im geltenden Lehrplan deutlich artikuliert wird, in der Praxis immer mehr und besser. Dazu haben vor allem die offenen Lernformen beigetragen, die 1986 in den österreichischen Lehrplan als „grundschulgemäße Lernform" eingeführt worden sind und heute in mehr oder weniger allen Grundschulklassen – wenngleich in einem unterschiedlichen Ausmaß – verwendet werden.

Die stärkere Differenzierung des Unterrichts ist auch durch die Integration von Kindern mit Behinderungen in Grundschulklassen (15. SchOG-Novelle) notwendig geworden. In diesen Klassen wurden vor allem in der Versuchsphase zusätzliche Möglichkeiten der Differenzierung durch das **Teamteaching** von GrundschullehrerIn und SonderpädagogIn entwickelt, die heute allen LehrerInnen zur Verfügung stehen. Insbesondere hat sich das Angebot an didaktischen **Lernmaterialien** bzw. an Ideen für solche Materialien für den offenen Unterricht immens erweitert, was die Realisierung von Individualisierung erleichtert. Dazu gehören auch andere Formen der Leistungsfeststellung und -beurteilung. Die traditionellen Formen eignen sich dafür nicht.

Diese Gründe und die Probleme mit der geringen Objektivität, Zuverlässigkeit und Gültigkeit, die in vielen empirischen Studien den üblichen Formen der Leistungsfeststellung und -beurteilung nachgewiesen worden sind, haben dazu geführt, dass im Rahmen von Schulversuchen eigentlich schon seit Jahrzehnten alternative Formen der Leistungsbeurteilung in Österreich praktiziert werden. Gegenwärtig werden zum Beispiel in Oberösterreich insbesondere nachstehende Alternativen in der Grundschule und in Integrationsklassen auf allen Schulstufen verwendet:

Umfassende mündliche Information der Erziehungsberechtigten und des Kindes

Grundlage der mündlichen Information ist, dass die LehrerInnen den jeweiligen Leistungsstand sowie den individuellen Lernfortschritt laufend beobachten. Dazu können entsprechende Beobachtungsbögen, Lernziellisten, Pensenbücher usw. verwendet werden. Im Regelfall werden die Erziehungsberechtigten in Anwesenheit des Kindes in einem ausführlichen individuellen Gespräch über seinen Lernstand, den Lernfortschritt und über eventuell notwendige Maßnahmen informiert.

Verbale Beschreibung

Die verbale Beschreibung erfolgt in einer ermutigenden, motivierenden, keinesfalls deprimierenden Art. Dabei wird vor allem der Lernfortschritt in den einzelnen Lehrplanbereichen beschrieben und ein Leistungsvergleich mit anderen SchülerInnen vermieden.

Kombination von Ziffernbeurteilung und verbaler Beschreibung

Die Lehrperson legt mit den Eltern fest, in welchen Unterrichtsgegenständen mit Ziffern und in welchen mit verbaler Beschreibung beurteilt wird. Es ist bei dieser Variante auch möglich, bei der Ziffernbeurteilung verbale Zusätze zu schreiben.

Direkte Leistungsvorlage

Als Grundlage für die Information der Erziehungsberechtigten werden ausgewählte Arbeiten des Kindes aus dem Beurteilungszeitraum herangezogen. In diesem Fall können auch die Kinder selbst ihren Lernzuwachs beschreiben. Die direkte Leistungsvorlage wurde bereits vor mehr als 20 Jahren von Rupert Vierlinger entworfen, der damit grundsätzlich dieselben Zielsetzungen verfolgt wie das Portfolio.

Ziffernbeurteilung mit verbalen Beschreibungen

Seit dem Schuljahr 1998/99 kann diese in Schulversuchen erprobte Variante auf Grund eines Beschlusses der Schulpartner (LehrerIn und Eltern einer Klasse) in den ersten Schulstufen der Grundschule (Grundstufe I) als reguläre Beurteilungsform eingesetzt werden. In der 3. und 4. Schulstufe ist dafür weiterhin ein Schulversuch notwendig.

Diese alternativen Formen der Leistungsbeurteilung werden den individuellen Schülerleistungen zwar gerechter, aber sie unterstützen noch zu wenig das selbstgesteuerte Lernen der Kinder. Den Kindern wird die Selbststeuerung erleichtert, wenn sie die Lernziele nicht nur verstehen, sondern sich diese zu eigen machen können, und wenn sie laufend Rückmeldungen zu ihrer Form der Selbststeuerung erhalten. Dies ist die große Stärke von Portfolios.

Vor allem schülerorientierte didaktische Konzepte sehen in Kindern aktive, selbstverantwortliche und selbststeuernde LernerInnen, die die in unserer Gesellschaft immer notwendiger werdenden Schlüsselqualifikationen Initiative, Selbstvertrauen, Selbstständigkeit, Verantwortung, Kreativität u. a. entwickeln, wenn ihnen die entsprechenden Bedingungen gewährt werden.

Der folgende Überblick zeigt, in welchen Unterrichtssituationen Portfolios besonders geeignet sind:

- In allen Klassen, in denen der Unterricht stark **differenziert** bzw. **individualisiert** wird, sind die Portfolios die informativste Form der Beurteilung, da die ungleichen Leistungen weder mit Ziffernnoten noch durch verbale Beschreibungen so umfassend und anschaulich erfasst und beschrieben werden können.
- Da durch die Portfolios die Kinder angehalten werden, ihr Lernen selbstverantwortlich weiter voranzutreiben, entsprechen sie der wichtigsten Prämisse aller **schülerorientierten bzw. -zentrierten Didaktiken**.

- Besonders angemessen sind Portfolios, wenn LehrerInnen **zielerreichendes Lernen** anstreben. Durch Portfolios wird gewährleistet, dass möglichst alle SchülerInnen die wesentlichen Unterrichtsziele erreichen.
- Da einerseits die Sache bzw. die Lehrplanforderungen, andererseits die eigene Ausgangslage als Bezugspunkte für eine Beurteilung der Lernleistungen herangezogen werden, fügen sich Portfolios auch gut in die Konzepte der **Alternativpädagogik**, wie **Montessori** und **Freinet**, die heute auch in öffentlichen Grundschulen praktiziert werden.
- Der Vorteil der Portfolios liegt aber auch darin, dass ich, wenn ich aus verschiedenen Gründen von der Ziffernbeurteilung nicht abgehen will, Portfolios bloß zur **Leistungsfeststellung** einsetzen kann. Dies wird häufig praktiziert und bietet sich z. B. für alle jene an, die in der Grundstufe II (3. und 4. Schulstufe) nicht auf Noten verzichten möchten, weil sie die Kinder auf die Beurteilungspraxis in den weiterführenden Schulen vorbereiten möchten.
- Portfolios bieten sich vor allem für **Unterrichtsprojekte** an, da diese mit Ziffernnoten meist nicht befriedigend erfasst werden können und daher oft überhaupt nicht in die Gesamtbeurteilung einbezogen werden. Das ist schade, da gerade bei solchen Arbeiten die Kinder sehr komplexe Leistungen erbringen und ihre Begabungen besonders zum Ausdruck kommen. Projektportfolios lassen sich mit Hilfe der dazugehörigen Beurteilungsraster sehr gut bewerten und können daher in die Jahresbeurteilung miteinbezogen werden. Wenn die Unterrichtsprojekte nur fallweise durchgeführt werden, ergibt sich die interessante Möglichkeit, in einem Gegenstand Portfolios mit herkömmlichen Formen der Leistungsfeststellung bzw. -beurteilung zu kombinieren.

Für die Entscheidung Portfolios in den eigenen Unterricht einzuführen können Ihnen daher folgende Kriterien angeboten werden:

- **Freies Lernen:**
  „Meine SchülerInnen arbeiten häufig individuell nach eigenen Lernwegen, mit individueller Zeitplanung, zu verschiedenen Zielen oder Inhalten."
- **Projekte:**
  „In meinem Unterricht entstehen sehr unterschiedliche Lernprodukte in einer Lerneinheit."
- **Selbstständiges Lernen:**
  „Lernen lernen ist mir gleich wichtig wie die Vermittlung von Wissen."
- **Besondere Inhalte:**
  „Ich unterrichte eine schulautonome Übung, die ich nicht benote, aber sehr wohl bewerten will."
- **Heterogene Schülergruppen:**
  „Das Leistungsspektrum der Kinder in meiner Klasse ist heuer besonders groß."
- **Integrationsklassen:**
  „Ich habe heuer in meiner Klasse mehrere Kinder mit sonderpädagogischem Förderbedarf."
- **Unser Schulprogramm:**
  „Wir haben uns in unserem Schulprogramm zu einer transparenten, informativen und förderlichen Leistungsbeurteilung verpflichtet."

Besonders hinweisen möchten wir auf die Möglichkeit, die Portfolios zur **Harmonisierung der Nahtstelle** zwischen Kindergarten und Volksschule sowie zwischen Grund- und Haupt- bzw. allgemein bildender höherer Schule bieten. Die Qualität eines Schulunterrichts erweist sich u. a. daran, dass die Kinder im Unterricht „dort abgeholt werden, wo sie sich gerade befinden". Dies ist eine wesentliche Voraussetzung für die geforderte Individualisierung. Besonders schwierig ist dies, wenn die Kinder in die Schule aufgenommen werden. Ein Weg, das Kind besser kennen zu lernen, ist, sich Produkte anzusehen, die das Kind im Kindergarten oder zu Hause in der Vorschulzeit angefertigt hat. Wenn die Schule einen guten Kontakt zum Kindergarten hat, könnten die KindergärtnerInnen gebeten werden, solche „Portfolios" während der Kindergartenzeit anzulegen, die die Kinder in die Schule mitbringen. Wenn dies nicht möglich ist, kann die Lehrperson die Eltern bitten, eine solche Zusammenstellung von aufbewahrten Kinderarbeiten zu versuchen.

Dasselbe hilft auch den LehrerInnen der weiterführenden Schulen, ihren Unterricht den Bedürfnissen ihrer neuen SchülerInnen anzupassen. Sie werden daher dankbar sein, wenn die Kinder ihr Grundschulportfolio oder zumindest das der vierten Schulstufe den LehrerInnen der weiterführenden Schulen zeigen. Diese Möglichkeit, die Nahtstelle harmonischer zu gestalten, könnte Inhalt der an vielen Orten üblichen „Nahtstellenkonferenzen“ zwischen den GrundschullehrerInnen und den LehrerInnen der weiterführenden Schulen sein, in denen entsprechende Vereinbarungen getroffen werden können.

3. Warum sind Portfolios in der flexiblen Schuleingangsphase besonders hilfreich?

Durch die gesetzliche Einführung der flexiblen Schuleingangsphase werden an die Leistungsbeurteilung neue Anforderungen gestellt, denen die Portfolios ganz besonders gerecht werden.

Die Einführung des gemeinsamen **flexiblen Schuleingangsbereiches** verstärkt die Notwendigkeit der Differenzierung des Grundschulunterrichts, da ermöglicht wird, dass die Kinder einer Klasse für die Grundstufe I ein bis drei Jahre benötigen. Dies bedeutet, dass man stärker auf die unterschiedlichen Begabungen der Kinder eingehen kann. Besonders Begabte können im Laufe des ersten Schuljahres in die zweite Schulstufe wechseln, sodass sie für die Grundstufe I nur ein Jahr benötigen. Kinder, die durch die Anforderungen der ersten Schulstufe noch überfordert werden, dürfen in die Vorschulstufe wechseln und erhalten dadurch ein zusätzliches Lernjahr. Damit wird die Jahrgangsklasse aufgelöst. Kinder unterschiedlichen Alters können in derselben Klasse individuelle Lernwege gehen (SchOG-Novelle 1998). In solchen Klassen lernen verschiedene Kinder nach Lehrplänen unterschiedlicher Schulstufen.

Ein solcher Wechsel der Schulstufen wird nur in seltenen Fällen ohne längere Beobachtung und Unterstützung durchgeführt werden können. Zur Förderung der ansonsten über- oder unterforderten Kinder können daher – auch nur vorübergehend – während des Jahres Lehrplanteile der nächstniedrigen oder -höheren Schulstufe angewendet werden. Dies stellt in manchen Fällen eine ausreichende **Individualisierungsmaßnahme** dar, sodass ein Wechsel der Schulstufe nicht notwendig wird. In einigen anderen Fällen dient diese zeitbegrenzte Lehrplanänderung zur Absicherung der Entscheidung, ob das Kind in die nächsthöhere oder -niedrigere Schulstufe wechseln soll.

Werden diese pädagogischen Freiräume eines gemeinsamen flexibel gestalteten Schuleingangszeitraumes genützt, stößt man an die Grenzen der derzeitigen Möglichkeiten der Leistungsbeurteilung. Das österreichische Schulunterrichtsgesetz bietet jetzt eine zusätzliche reguläre Möglichkeit, zu den Ziffernnoten eine Leistungsbeschreibung hinzuzufügen, wenn das Klassen- bzw. Schulforum dem mehrheitlich zustimmt (SchUG-Novelle 1998).

Diese Form wird aber den pädagogischen Anforderungen auch nicht gerecht. Denn wie viel Leistungsbeschreibung verträgt die **„Gesamtnote"** in der ersten Schulnachricht? Entweder wird durch eine differenzierte Leistungsbeschreibung offenkundig, wie wenig informativ die Note ist, oder es wird durch einen kurzen Zusatz nicht wirklich Information hinzugefügt, sodass die Beschreibung fragwürdig erscheint. Es stellt sich die Frage, ob man eine Schulnachricht mit einer Gesamtnote – mit oder ohne zusätzlicher Leistungsbeschreibung – tatsächlich braucht, wenn man informativere Beurteilungsformen wie das Portfolio wählt.

Im gemeinsam geführten Schuleingangsbereich verschärft sich die pädagogische Situation der Ziffernbeurteilung. **Grundlage** und Bezugsrahmen für die Beurteilung müssen die **Lehrplaninhalte** sein. Welchen Lehrplan ziehe ich aber heran, wenn noch nicht entschieden worden ist, ob das Kind zwei oder drei Jahre benötigen wird? Was ist pädagogisch eher vertretbar? Eine schlechtere Note auf der Grundlage des Lehrplanes der ersten Schulstufe oder keine Note, da Vorschulkinder keine Schulnachricht erhalten. Worüber wird das Kind trauriger sein? Muss wirklich eine schlechte Note, die jede Schulanfängerin, jeder Schulanfänger als persönliche Ablehnung erlebt, Voraussetzung für das Umstufen bzw. für die Entscheidung über die Dauer der Grundstufe I sein? Wie werden Eltern die Notwendigkeit für drei Jahre Grundstufe I einschätzen, wenn ihr Kind eine – pädagogisch motivierte – gute Note erhält?

Ein Ausweg aus dieser pädagogischen Not bietet die Portfoliobeurteilung, die einstweilen im Rahmen eines Schulversuchs durchgeführt werden darf.

> Die „Schulversuche zur Leistungsbeurteilung" sind durch die Novelle des SchUG (1998) auf 25 % aller Klassen der allgemein bildenden Schulen ausgeweitet worden:
>
> §78a. (I) An Volksschulen und an Sonderschulen sind alternative Formen der Leistungsbeurteilung zu erproben, wobei die Selbstständigkeit der Arbeit, die Erfassung und die Anwendung des Lehrstoffes, die Durchführung der Aufgaben und die Eigenständigkeit der Schüler zu beurteilen sind und unterschiedliche Schülerleistungen zum Ausdruck zu bringen sind. In den Schulversuchen ist vorzusehen, dass auf Verlangen der Erziehungsberechtigten die Beurteilung im Jahreszeugnis jedenfalls durch Noten zu erfolgen hat.

Mit Hilfe der Portfolios erhalten das Kind und seine Eltern in einer nicht diskriminierenden Weise anschauliche Rückmeldungen über seinen Lernstand und -fortschritt. Die Eltern sehen an den Inhalten des Portfolios, welche Ziele das Kind erreicht hat und welcher Schulstufe diese zugeordnet sind. Die Notwendigkeit nächster Lernschritte und damit der Lerndauer wird Kind und Eltern verständlich.

4. Welche Vorteile haben Portfolios?

Im Vergleich zu herkömmlichen Leistungsfeststellungen und -beurteilungen bieten Portfolios viele Vorteile.

- Portfoliobeurteilung befähigt SchülerInnen für ihr eigenes Lernen **Verantwortung** zu übernehmen und gibt ihnen die Möglichkeit, ihre Lernfortschritte klar und präzis zu dokumentieren.
- Portfolios ermöglichen LehrerInnen und SchülerInnen einen **Dialog** darüber zu führen, was wirklich im Unterricht gelernt wird.
- Portfolios helfen den LehrerInnen, Schülerarbeiten in einem größeren Zusammenhang zu sehen. LehrerInnen können mit Hilfe der Portfolios erkennen, wie ihre SchülerInnen lernen und welche ihrer **Unterrichtsstrategien** für welche SchülerInnen wirksam sind.
- Portfolios ermöglichen es den SchülerInnen, sich der Qualität und der Brauchbarkeit ihres Wissens bewusst zu werden. Durch den Beweis des eigenen Lernfortschritts wird ihr **Selbstbewusstsein** gestärkt.
- Portfolios helfen den LehrerInnen, strukturierte und stressfreie Situationen herzustellen, in denen sich SchülerInnen ohne Ängste aussprechen können und es wagen neue Ideen zu formulieren. Durch die **persönliche Interaktion** zwischen LehrerIn und SchülerInnen lernen diese, ihre eigene Meinung zu artikulieren und ihren Standpunkt zu vertreten.
- Portfolios helfen Disziplinprobleme zu verringern. Da ein Unterricht, in dem mit Portfolios gearbeitet wird, den **Bedürfnissen der SchülerInnen** angepasst ist, sind viele Ursachen für Verhaltensauffälligkeiten von vornherein ausgeschlossen.
- Portfolios helfen den LehrerInnen, ihren **Unterricht zielorientiert** zu gestalten. Um den Zweck des Portfolios klar zu beschreiben, müssen sie sich ständig mit ihrem Unterrichtsstoff auseinander setzen und ihre Unterrichtsziele verständlich formulieren. Angeregt durch die verschiedenen Lernansätze ihrer SchülerInnen finden sie oft neue Unterrichtsformen, die allen SchülerInnen Zugang zu den Unterrichtsinhalten verschaffen.
- Portfolios machen den Kindern ihre **Leistungsunterschiede** verständlich. Sie sehen, dass es legitim ist, unterschiedliche Zugänge zum Lernen zu haben bzw. unterschiedliche Talente zu nützen.

Eltern als Partner bei der Portfolioarbeit

Die meisten Eltern haben großes Interesse, dass ihre Kinder gute Schulleistungen erbringen, um sich so bestmögliche Startchancen für ihr weiteres Leben zu sichern. Daher sind die Fragen der Leistungsbeurteilung besonders wichtig für die Eltern, die in solche Diskussionen Erfahrungen aus der eigenen Schulzeit einbringen. Es ist deshalb oft nicht leicht, **Verständnis für Neuerungen** in diesem Bereich zu erzielen. Vor allem wenn die Kinder keine Noten erhalten sollen, ist mit Widerstand zu rechnen. Dafür gibt es unterschiedliche Gründe. Zum Beispiel werden in vielen Familien die Kinder für schulische Leistungen belohnt. Noten drücken für diesen Zweck auch leicht verständlich die Qualität der Leistungen aus. Andererseits werden einzelne Noten oft als ungerecht empfunden. Viele Konflikte zwischen Eltern und LehrerInnen haben darin ihre Ursache.

Wenn LehrerInnen Portfolios in ihrem Unterricht einführen möchten, muss ihnen daher klar sein, dass besonders **intensive Elternarbeit** notwendig ist. Dies erfordert mehr als eine einmalige Information an einem Elternabend oder in einem Elternbrief. Eltern müssen immer wieder Gelegenheit erhalten, die neuen Formen zu **diskutieren** und zu **hinterfragen**, auch wenn sie auf Grund der fachlichen Kompetenz der Lehrerin, des Lehrers schnell überzeugt erscheinen. Hier ist es Aufgabe der Lehrerin, des Lehrers, die Eltern zum Gespräch zu **motivieren**, sodass ihre Ängste und Befürchtungen tatsächlich thematisiert werden können. Indem LehrerInnen hier aufmerksam zuhören und diese Sorgen ernst nehmen, drücken sie ihr Verständnis aus und helfen damit den Eltern, ihre Ängste zu überwinden.

Darüber hinaus sollte den Eltern bewusst gemacht werden, dass sie durch die Portfolioarbeit einen größeren **Einfluss auf das Lernen** ihrer Kinder gewinnen, dadurch aber auch mehr Verantwortung übernehmen. Je länger mit Portfolios gearbeitet wird, desto mehr werden die Eltern durch die Portfolios selbst in das Lernen ihrer Kinder und damit in den Unterricht integriert. Die Zusammenarbeit mit den Eltern wird zu einem selbstverständlichen Element schulischer Arbeit. Die LehrerInnen können so stärker als üblich die Eltern als wesentliche Ressource in ihre Unterrichtsgestaltung miteinbeziehen. Da diese Zusammenarbeit mit den Eltern in allen Phasen der Portfolioarbeit eine wichtige Rolle spielt, finden Sie in allen Kapiteln Hinweise für die konkrete Durchführung.

5. Wie führe ich Portfolios ein?

„Ich entschied mich, ein Portfolio im Sachunterricht in einem Projekt einzuführen. Das Projekt ‚Ei' zur Osterzeit war eines meiner Standardprojekte in der Grundstufe I. Ich konnte also die Unterlagen und Unterrichtsmittel der Vorjahre wieder für den Unterricht verwenden: Das sind Arbeitsmittel, mit denen die Schüler selbstständig umgehen können und die durch ihre Vielfalt ihren verschiedensten Interessen und Neigungen zugute kommen. Außerdem war der Zeitraum für eine erste Erprobung überschaubar (3 Wochen)." Roswitha Renezeder, VS Altenberg

„Seit einigen Jahren wird bei uns der Schulversuch ‚Alternative Leistungsbeurteilung', nämlich das umfassende mündliche Gespräch mit Hilfe von Lernziellisten, durchgeführt. Da lag doch nichts näher, diese anhand des Portfolios individuell zu dokumentieren bzw. die Leistungsbeurteilung mit dem Portfolio durchzuführen." Annemarie Schweiger, VS Kirchberg

„Schon seit mehreren Jahren war das Informationsgespräch meine liebste Form der Leistungsbeurteilung. Die Grundlage für die Gespräche bildeten neben einer mündlichen Selbst-Beurteilung die schriftlichen und bildlichen Arbeitsergebnisse der Kinder. Portfolios stellen für mich eine sinnvolle Ergänzung dar, weil sie einerseits die Kinder zu Selbstreflexionen und daraus resultierenden Entwicklungsschritten anleiten, andererseits eine größtmögliche Transparenz für die Eltern gewährleisten." Brigitte Loidl, VS Bad Ischl-Ost

Portfolios können

- für einzelne Projekte,
- für einzelne Fächer,
- für alle Unterrichtsgegenstände einer Klasse,
- über mehrere Schulstufen und
- für die ganze Schule eingeführt werden.

Weiters müssen Sie sich für den gesetzlichen Rahmen entscheiden:

- Sie können Portfolios nur zur **Leistungsfeststellung** verwenden, also zur individuelleren Erfassung der Schülerleistungen, die Sie aber weiterhin mit den vorgeschriebenen Ziffernnoten beurteilen möchten. In diesem Fall nützen Sie den Spielraum aus, den die Verordnung zur Leistungsbeurteilung Ihnen für die Leistungsfeststellung gibt.
- Zusätzlich können Sie Portfolios auch zur **Leistungsbeurteilung** verwenden. In diesem Fall müssen Sie in Österreich um einen Schulversuch ansuchen. Dazu ist es notwendig, das Einverständnis von mindestens zwei Drittel aller Eltern, deren Kinder die Klasse besuchen, und aller in der Klasse unterrichtenden LehrerInnen einzuholen (Klassenforumsbeschluss).

Details dazu finden Sie im Kapitel 12.

LehrerInnen, die schon lange Zeit mit Portfolios arbeiten, raten, möglichst **klein anzufangen** und sich jedes Jahr zu steigern. In unserer Gruppe gibt es Beispiele für Portfolios über ein einzelnes Projekt, Projektportfolios, die über vier Jahre geführt werden, Portfolios in einzelnen Fächern oder auch nur für Teilbereiche eines Unterrichtsgegenstandes. Einfacher ist es, zu Beginn Portfolios nur zur Leistungsfeststellung einzusetzen. Sie können ganz nach Ihren eigenen Bedürfnissen und Wünschen entscheiden, womit Sie beginnen wollen.

LehrerInnen, die bereits Erfahrungen mit ähnlichen Formen der Leistungsfeststellung und -beurteilung, wie Pensenbücher, Lernziellisten, direkte Leistungsvorlagen, gesammelt haben, können auf diesen Erfahrungen aufbauen. Egal wie Ihre Entscheidung über den Bereich, in dem Sie Portfolios anwenden wollen, ausfällt, Sie sollen diese Entscheidung nur **gemeinsam** mit allen Betroffenen fällen.

Ablaufplan

Der folgende Kalender gibt Ihnen einen Überblick, in welchen Schritten Portfolioarbeit eingeführt werden kann.

	September	Oktober	November
1			
2			
3			*Einführung der* ***Portfoliogespräche:*** Inhalt und Zweck der Gespräche Gesprächsregeln Wer mit wem (LehrerIn-SchülerIn / SchülerIn-SchülerIn / SchülerIn-Eltern / LehrerIn-Eltern)
4			
5		*Gespräch mit den SchülerInnen über die* ***Portfoliomappe:*** Auswahlkriterien, Ordnungsprinzipien, Zeiten für die Arbeit mit dem Portfolio, „Spielregeln"	
6			
7			
8			
9			
10			
11			Erstes SchülerIn-LehrerIn-***Gespräch*** Erstes SchülerIn-SchülerIn-***Gespräch*** Erstes SchülerIn-Eltern-***Gespräch***
12		*Design der persönlichen* ***Portfoliomappe:*** Herstellung und künstlerische Gestaltung	
13			
14			
15			
16			
17			*Beginn eines neuen* ***Unterrichtsabschnittes:*** Vereinbarung der Ziele und Inhalte des Abschnittes Mögliche Lernprodukte
18			
19			
20			
21	***Gespräch*** *mit den SchülerInnen:* Was ist Lernen? Wann habe ich etwas gelernt? Was sind die Ziele des Lernens? Was beweist, dass ich etwas gelernt habe?		
22		*Beginn eines neuen* ***Unterrichtsabschnittes:*** Vereinbarung der Ziele und Inhalte des Abschnittes Mögliche Lernprodukte	
23			
24			
25			
26			
27			
28			
29			
30			
31			

Portfoliogespräche

	Jänner	…	Juni
1			
2			
3		Weitere Unterrichtsabschnitte auf Grund der eigenen Planung	
4			
5			
6			
7		*Jeder Unterrichtsabschnitt umfasst:* – Vereinbarung der **Ziele** – Vereinbarung der **Inhalte** – Vereinbarung der möglichen **Produkte** – Vereinbarung der **Bewertungsraster**	*Planung und Vorbereitung des **Portfoliofestes:*** Warum ein Fest? Wer soll eingeladen werden? Wie sollen die Mappen vorgestellt werden? Was erwarten wir uns für die Klassengemeinschaft?
8			
9			
10			
11	*Einführung von **Bewertungs-rastern:*** Inhalt der Bewertungskriterien Anwendung der Kriterien		
12			
13			
14			
15			
16			
17			
18			*Zweites SchülerIn-LehrerIn-Eltern-**Gespräch:*** vor dem Fest oder als Teil des Festes
19		*Nach jedem Unterrichtsabschnitt gibt es:* – **SchülerIn-LehrerIn**-Gespräch (auch nach jedem zweiten Unterrichtsabschnitt möglich und nach Bedarf einzelner SchülerInnen) – **SchülerIn-SchülerIn**-Gespräch – **SchülerIn-Eltern**-Gespräch	
20	Portfoliogespräche		
21			
22			
23			***Feiern*** Reflexion mit der Klasse über den Gebrauch des Portfolios
24			
25			
26			
27			
28			
29			
30			
31			

Vorbereitung der SchülerInnen

Diejenigen, die am meisten betroffen sind, sind natürlich die SchülerInnen. Sie sind auch diejenigen, denen das Portfolio am meisten nützt, weil es ihnen hilft, Verantwortung für ihr eigenes Lernen zu übernehmen und ihre eigenen Leistungen zu kontrollieren. Es ist deshalb besonders wichtig, die SchülerInnen intensiv auf die Portfolios **vorzubereiten** und ihre **Begeisterung** dafür zu **wecken**. Dazu sind viele Gespräche im Laufe eines Schuljahres notwendig. Vor allem dann, wenn ein neues Element des Portfolios eingeführt wird, muss es den Kindern erklärt werden, sodass sie es selbstständig anwenden können.

Vorbereitung der Eltern

Ohne das klare Verständnis der Eltern, was Portfolios sind und wozu sie gut sind, wird es ihnen schwer fallen, diese Neuerung zu akzeptieren. Da die Portfolios in manchen Fällen Schularbeiten und Tests ersetzen und sie zur Leistungsbeurteilung herangezogen werden können, müssen sich die Eltern ein genaues Bild über den Einsatz der Portfolios und ihre Vorteile machen. Sie sollen erkennen, dass das Portfolio ihren Kindern hilft, ihre **Begabungen und Talente** zu entfalten und gezielt **zum Lernen** einzusetzen, und dass sie sich selbst Rechenschaft ablegen können, was und wie sie gelernt haben.

Durch den Einsatz von Portfolios gewinnen die Eltern einen größeren Einfluss auf das Lernen ihrer Kinder und damit stärkere Verantwortung, denn bei der Portfolioarbeit können die Eltern ihre Kinder auf verschiedenen Ebenen unterstützen:

- Suchen und Bieten von Gelegenheiten, bei denen ihre Kinder zu den unterrichtlichen Inhalten und Zielen außerschulische Erfahrungen sammeln können
- Anwendung der Qualitätskriterien bei der Auswahl der Lernprodukte für die Portfoliomappe
- Herausfinden der Interessen und Stärken ihres Kindes
- Führen der Portfoliogespräche (mehr dazu in Kapitel 10)

Dies ist daher ein wichtiges Thema bei den vorbereitenden Gesprächen mit den Eltern.

Das Verständnis für Portfolioarbeit wird bei den Eltern erleichtert, wenn ihnen diese nicht nur erklärt wird, sondern wenn sie am Beispiel eines Unterrichtsabschnittes **selbst erfahren**, wie groß die Vielfalt der Lernprodukte sein kann, die zeigen, dass ihr Kind ein bestimmtes Ziel erreicht hat. Die Eltern sollten auch die Möglichkeit haben, diese Produkte mit einem Bewertungsraster so zu beurteilen, wie ihre Kinder es tun werden. Für Eltern beeindruckend ist es, wenn Portfolios aus anderen Klassen gezeigt werden.
Das notwendige Vertrauen in Ihre Arbeit werden Sie erreichen können, wenn Sie gleich am Beginn eine **konkrete Vorschau** geben, die auch die wichtigen Termine für die Portfolioarbeit enthält, sodass die Eltern wissen, was sie wann erwartet.
Nach einer solchen Einführung äußerten Eltern: „Es ist toll, dass Kinder selber entscheiden dürfen!" Sie sind sich aber auch bewusst, dass bei ihnen ein Umdenkprozess notwendig ist: „Bei uns Eltern ist eine solche Denkweise oft noch nicht üblich."

Information des Kollegiums: Transparenz sichert Unterstützung

Nicht zuletzt sind auch KollegInnen und die Schulleitung betroffen. Jede Neuerung bringt Unruhe in ein System, und mit der Unruhe kommen Ängste und Zweifel auf. Hier ist es wichtig, nicht nur am Anfang Schulleitung und Kollegium über Ihr Vorhaben zu unterrichten, sondern den **Dialog** das ganze Jahr aufrecht zu erhalten.
LehrerInnen mit viel Portfolioerfahrung erzählen, dass man sich einsam fühlt, wenn man als einzige Lehrkraft in einer Schule Portfolios einführt. Dabei hat ihnen geholfen, dass sie periodisch den KollegInnen über Erfolge und Schwierigkeiten, Einsichten und Zweifel berichtet haben. Diese Berichte in den **pädagogischen Konferenzen** haben sie auch dazu gezwungen, die eigene Erfahrung noch einmal zu überdenken, Daten zu interpretieren und neue Ideen in ihre Arbeitsweise einzubauen.

6. Gut strukturiert und klar begrenzt: ein Beispiel für PortfolioanfängerInnen

Für EinsteigerInnen empfiehlt es sich, nur in begrenzten Unterrichts-Abschnitten erste Erfahrungen mit Portfolios zu sammeln und im übrigen Unterricht die Leistungen herkömmlich festzustellen. Edith Steffan, Lehrerin der Volksschule Schenkenfelden, hat im Mathematikunterricht der 2. Klasse ein gelungenes Beispiel geliefert:

Edith Steffan: Der gut überschaubare und klar zu strukturierende **Einmaleinsbereich** erschien mir als eine gute Einstiegsmöglichkeit in die Portfolioarbeit. Das Grobziel ist hierbei festgelegt; das selbstständige Erarbeiten der Einmaleinsreihen sowie das Üben in verschiedenster Form kann sehr individuell erfolgen; die Kinder können den Zeitrahmen für die Erarbeitungsphase sowie die Wahl der Einmaleinsreihe selbstständig festsetzen. Für mich als Lehrerin ist eine Überprüfung der Arbeitsergebnisse auf Grund der klaren Zielstrukturen (2er-Reihe, 3er-Reihe ...) leicht durchzuführen.

Für die Kinder war das anfängliche gemeinsame Arbeiten mit allen Reihen im Zahlenraum 0 bis 10 die Grundlage für die individuelle Einzelarbeit. Jedes Kind wurde im Rahmen einer **gemeinsamen Erarbeitungsphase** mit den angebotenen Materialien und den möglichen Übungsvarianten vertraut gemacht. Dadurch war ein selbstständiges Arbeiten gewährleistet und die Auswahl konnte nach den eigenen Rechenvoraussetzungen erfolgen. Als vorteilhaft erwies sich auch, dass das angebotene **Übungsmaterial** für alle Reihen immer wieder eingesetzt werden konnte. Das bot gerade schwächeren SchülerInnen eine große Sicherheit. Die Arbeitsergebnisse in diesem Bereich sind einfach zu überprüfen und erlauben auch den Einsatz von Selbst- und Partnerkontrollen.

I. Einführung der Portfolioarbeit im Teilbereich „Malaufgaben“

Erklärungen für die Eltern am Elternabend

Auf Grund meiner persönlichen Überzeugung, dass die Dokumentation der Schülerarbeiten die aussagekräftigste Beurteilungsform ist, war es auch nicht schwer, die Eltern der SchülerInnen von dieser Beurteilungsform zu überzeugen. Den Eltern war von den vorangegangenen Jahren der Umgang mit Lernziellisten und das persönliche Gespräch darüber mit den LehrerInnen bekannt.

Die Dokumentation der Einmaleinsarbeit beinhaltet einerseits eine **Lernzielauflistung**, andererseits aber auch einen **Übungsbereich**, wo die SchülerInnen die Aufgabenwahl frei treffen können.

Das Sammeln von guten Ergebnissen bzw. jenen Arbeiten, die für die SchülerInnen wichtig und herzeigbar sind, gefiel den Eltern gut. Dass ihre Kinder bei den einzelnen Übungsschritten die Reihenfolge der Reihen, die Übungsformen und Überprüfungsform selbstständig wählen konnten, sahen sie als gute Möglichkeit, die Selbsttätigkeit ihrer Kinder zu fördern. Eine **genaue Information**, wie man meiner Meinung nach darangehen kann, die Einmaleinsreihen individuell einzuführen und zu üben, war sehr wichtig.

Die Eltern kannten aus ihrer eigenen Schulzeit noch das „Auswendiglernen“ der Reihen. Die von mir vorgestellte **selbstständige Erarbeitung** sowie die verschiedensten Übungsformen (allein üben, mit dem Partner oder in der Gruppe spielen) waren neu, gefielen den meisten Eltern aber gut.

Am Ende des 2. Semesters wollten aber alle Eltern eine **Note** im Unterrichtsgegenstand Mathematik haben – auf Grund meiner genauen Aufzeichnungen konnte diesem Wunsch (nur sehr sehr ungern) entsprochen werden. Man wünschte aber, dass das Portfolio der Einmaleinsarbeit unbedingt nach Hause mitgenommen werden sollte.

Vorstellen und Erklären der Arbeit mit Portfolios für die SchülerInnen

Die SchülerInnen kennen die Lernziellisten von gemeinsamen Gesprächen mit den Eltern im Vorjahr. Neu ist das Sammeln von Ergebnissen und Produkten sowie die Wahlmöglichkeit der Reihenfolge der Malreihen und der verschiedensten Übungsformen.

Wichtig ist die Besprechung der einzelnen Punkte:
Jedes Lernziel, das den Bereich Mengenverständnis, Malrechnungen und die Zusammenhänge betrifft, wird genau besprochen und handelnd bearbeitet.

1. Vorarbeiten für die Malreihen im Rahmen der Portfolioarbeit

Die *Vorarbeiten für diese Lernziele* werden täglich im *Morgenkreis* gemeinsam durchgeführt, entsprechend der folgenden Auflistung **können die SchülerInnen die Aufgaben selbstständig** im Rahmen des Wochenplanes bearbeiten.

Siehe Kopiervorlage 21

Kopiervorlage 21 → Seite 32

Rechnen Malnehmen im Zahlenraum 0–10

A) Mengenverständnis	☺	😐	☹
2er Mengen im ZR 0–10 bilden.			
2er Mengen schriftlich als fortgesetzte Plusrechnung aufschreiben.			
3er, 4er, 5er, 6er, 7er, 8er und 9er Menge im ZR 0–10 mit Hilfe von Anschauungsmaterial darstellen.			
Mengendarstellungen laut Anleitung richtig legen.			
Malrechnung anhand der Mengendarstellung nennen.			
Mengengruppen untereinander vergleichen und Größenangaben nennen.			

B) Malrechnungen	☺	😐	☹
Mündliches Malnehmen mit Hilfe der Anschauungsmaterialien.			

Dabei können meine SchülerInnen

- die Auswahl des Materials,
- den Zeitpunkt
- und die Zeitdauer der Erarbeitung der einzelnen Schritte

laut der vorgegebenen Reihenfolge bestimmen.

Meine SchülerInnen präsentieren mir das Ergebnis, das sie als gut gelungen einstufen. **Meine Bewertung erfolgt durch eine Eintragung in den oben dargestellten Bewertungsraster.**

Die SchülerInnen legen das bearbeitete Übungsblatt, die Zeichnung, das Foto, das Protokoll, die Kassette etc. in ihre Mappen.

2. Das selbstständige Arbeiten mit den Einmaleinsreihen

Die Handhabung der im Raster angeführten Malreihen wird immer wieder kurz im Morgenkreis vorgestellt.

Beispiele für die einzelnen Reihen werden auf Wunsch der Kinder gewählt.

Nach Abschluss der *Punkte 1 (Mengenverständnis), 2 (Malrechnungen) und 3 (Zusammenhänge finden)* können die SchülerInnen die Reihenfolge der Einmaleinsreihen sowie das Material frei wählen.

Meine Vorgaben:

Jede Reihe muss bearbeitet werden:

Rechnen mit 2er, 3er, 4er, 5er, 6er, 7er, 8er, 9er und 10er Reihe

Siehe Kopiervorlage 22 oben

→ Seite 32 und 33 Kopiervorlage 22

D₁) Üben der Malreihen

Ich übe mit ...	2er	3er	4er	5er	6er	7er	8er	9er	10er
Steckbrett und Steckknöpfen									
Würfelstangen									
Perlenmaterial									
Multiplikationsbrett									
Tastschnur									
Krims-Krams									
Chips und Lochbrett									
Eierkartons									

Die SchülerInnen müssen drei Übungsformen wählen und diese selbstständig auf der Zielliste eintragen.

Die Arbeitsergebnisse (Zeichnungen, Skizzen, Protokolle etc., die von mir oder einer Mitschülerin, einem Mitschüler abgezeichnet werden) werden wieder in der Mappe abgelegt.

Das Kontrollieren von Seiten der Lehrerin oder der MitschülerInnen (viele Aufgaben sind mit einer Selbstkontrolle versehen) ist vor allem für die weitere Arbeit wichtig. Eine kurze Kontrolle kann das Auftreten gleicher Fehler verhindern bzw. die weitere Arbeit erleichtern.

Meinen sehr schwachen RechnerInnen und meinen SchülerInnen mit SPF[1] gebe ich das nachstehende Arbeitsblatt, in dem ich die Aufgabenstellung eingeschränkt habe.

[1] Sonderpädagogischer Förderbedarf

Rechnen mit 2er, 3er, 4er, 5er und 10er Reihe

Siehe Kopiervorlage 22 unten

D_2) Üben der Malreihen

Ich übe mit ...	2er	3er	4er	5er	10er	?
Steckbrett und Steckknöpfen						
Würfelstangen						
Perlenmaterial						
Multiplikationsbrett						
Tastschnur						
Krims-Krams						
Chips und Lochbrett						
Eierkartons						

Veritas Kopiervorlage 89

sind, dass sie die Reihen beherrschen, dürfen sie sich **eine der nachstehenden Überprüfungsmöglichkeiten** aussuchen und sie als Beweis für ihr Können in ihr Portfolio aufnehmen. Dabei ist die **zeitliche Durchführung den SchülerInnen freigestellt**.

Siehe Kopiervorlage 23 oben

Kopiervorlage 23

→ Seite 33 und 35

E) Leistungsüberprüfung

Lernzielkontrolle ABL	2er	3er	4er	5er	6er	7er	8er	9er	10er
Lernscheibe									
1x1 Domino									
1x1 Memory									
1x1 Puzzle									
1x1 Schieber									
Rechenmax									
„Mensch ärgere dich nicht 1x“									

3. Das Portfoliogespräch: Anregung zur Selbstbewertung

Nachdem die Kinder alle Malreihen selbstständig eingeübt haben und in der Selbstbeurteilung sicher

Bei der **Überprüfung** gibt es drei Schritte:

1. Die Kinder können mir nach jeder Reihe ihr Arbeitsergebnis sofort präsentieren, um Sicherheit zu gewinnen.

Einige unserer Einmaleinsmaterialien
45
32
72
16
36
14
18

Beispiele:
1x1 Domino: Ich überprüfe die aufgelegte Arbeit und die Rechnungen, die ins Heft eingetragen wurden.
1x1 Schieber: Die Kinder notieren die Rechnungen, ich kontrolliere sie bzw. mache eine kurze mündliche Kontrolle über die Arbeit mit dem Schieber.

Kinder, die sich sehr sicher sind, werden diesen Schritt überspringen.

2. Zur **Reflexion** über den Lernprozess erhalten die Kinder einen kleinen Fragebogen. Dieser wird von den SchülerInnen ausgefüllt und in die Portfoliomappe gelegt. Er wird eine der Grundlagen der gemeinsamen Nachbesprechung im Portfoliogespräch sein.

Siehe Kopiervorlage 23 unten

F) Ich über mich

	2er	3er	4er	5er	6er	7er	8er	9er	10er
Das war leicht für mich.									
Diese Reihe kann ich mir besonders gut merken.									
Diese Reihe bereitet mir große Schwierigkeiten.									
Bei dieser Reihe verwechsle ich die Ergebnisse der Malsätzchen.									
Ich brauche Hilfe (LehrerIn? SchülerIn? Material?).									

Ich arbeite gerne mit ______________________ (Rechenmaterial)

Mit diesen SchülerInnen arbeite ich besonders gern bei den Übungen der Malreihen: ______________

90 Veritas Kopiervorlage

3. Alle Kinder vereinbaren einen Termin für ein **Portfoliogespräch** mit mir, bei dem sie mir ihre Portfoliomappe zeigen. Ich bespreche mit jedem Kind die gesammelten Arbeitsprodukte und den Fragebogen, die zeigen, wie das Kind gelernt hat, welche Arbeitsmaterialien es gewählt hat, wie oft es geübt hat, wie oft es sich Rückmeldungen geholt hat und wie lange es gebraucht hat. Das Gespräch wird so geführt, dass das Kind zum weiteren Nachdenken über sein Lernen angeregt wird. Konkrete Wünsche zur Hilfe werden aufgeschrieben (neue Übungsvorschläge, neues Material, einzelne Förderstunden mit der Lehrerin, dem Lehrer, mit einer „Helferschülerin, einem „Helferschüler“ etc.).

4. Vertiefendes Arbeiten mit den Einmaleinsreihen

Nach Abschluss der individuellen Erarbeitung der Malreihen müssen sie noch weiter vertieft werden. Die Anregungen dazu werden täglich im *Morgenkreis* gemeinsam erarbeitet. Diese Vertiefung erfolgt entsprechend der nachstehenden Auflistung Schritt für Schritt.

Siehe Kopiervorlage 24

→ *Seite 35* *Kopiervorlage 24*

G) Vertiefungen	☺	😐	☹
Arbeit mit der Ziffer 0.			
Arbeit mit allen Malreihen.			
Finden von Nachbaraufgaben.			
Gleiche Ergebnisse durch verschiedene Malaufgaben darstellen.			
Gleiche Ergebnisse – aufschreiben verschiedener Malsätzchen.			
Umkehraufgaben mündlich richtig formulieren.			
Einmaleinsaufgaben mit Plusrechnungen verbinden.			
Einmaleinsaufgaben mit Minusrechnungen verbinden.			

Die **SchülerInnen können selbstständig im Rahmen der Wochenplanarbeit** den Zeitpunkt und die Zeitdauer der Erarbeitung der einzelnen Schritte bestimmen, die vorgegebene Reihenfolge müssen sie aber einhalten.
Das Material ist genau vorgegeben. Es handelt sich vorwiegend um Arbeitsmaterialien, die in **Einzelarbeit** bearbeitet werden können. Es sind Seiten im Rechenbuch, Arbeitsblätter mit verschiedensten Aufgaben und Rechnungen, die die SchülerInnen selbstständig finden müssen.
Die SchülerInnen präsentieren mir das ihrer Einschätzung nach gut gelungene Ergebnis. Ich trage die **Bewertung im Bewertungsraster** ein. Die SchülerInnen legen das Blatt, die Kopie, die Zeichnung, das Foto, das Protokoll, die Kassette etc. in ihre Mappen.

II. Herstellung der Mappe

Die Herstellung des Umschlages für die Portfoliomappe erfolgte im Rahmen des Zeichenunterrichtes mit Hilfe von Kleisterpapier und Murmeltechnik[1].

Auf dem Umschlag steht der Name des Kindes, die Klasse, die Schule und zusätzlich ist ein Foto oder eine Zeichnung des Kindes angebracht.

Das Thema „Einmaleins" wurde von den Kindern individuell bildnerisch gestaltet, jede Mappe sieht deshalb anders aus.

III. Die Abschlussarbeiten

Auswahl der Schülerarbeiten

Ein **Portfoliogespräch am Ende des Schuljahres** hat als Ziel, aus den vielen Arbeitsergebnissen in der Portfoliomappe **gemeinsam eine bestimmte Anzahl auszuwählen**, die zu den Punkten passend eingeordnet werden. Für die Auswahl werden die Listen mit den Lernzielen und den verschiedenen Übungsrastern herangezogen. Jedem Blatt wird eine Dokumentation der Schülerarbeit beigelegt. Sinnvoll ist sicher, dass jede Reihe für das Kind dokumentiert wird. So sind es maximal 8–10 Seiten, die in der Portfoliomappe liegen. Geschickte Kinder können auch verschiedene Reihen kombinieren (Vertiefungsbereich) und dadurch weniger Seiten in die Mappe geben.

Vorstellung für die Eltern

Die SchülerInnen nehmen ihre Mappe mit nach Hause und erklären den Eltern ihre „Einmaleinsarbeit". Darüber hinaus können die SchülerInnen beim Elternsprechtag ihre Mappen vorstellen. Im Anschluss werden aufgetretene Schwierigkeiten sowie die Zusammenarbeit mit anderen SchülerInnen gemeinsam (SchülerIn-Eltern-LehrerIn) besprochen.

Nach den positiven Erfahrungen, die Edith Steffan bei ihrer ersten Portfolioarbeit gesammelt hatte, hat sie beschlossen, im nächsten Schuljahr in ähnlicher Weise zusätzlich im Deutschunterricht Portfolios im Teilbereich Rechtschreiben einzuführen. Sie möchte die Arbeit mit Merkwörtern nach verschiedenen Gesichtspunkten gestalten:

- Wortfamilien
- Wörter zu Projektthemen
- Wörter, die nach bestimmten Gruppen geordnet sind (z. B. Doppelmitlaute)

Auch hier ist wie beim Einmaleins die individuelle Wahlmöglichkeit der Übungsformen groß. Die Einführung und Hinweise für das richtige Schreiben können wieder im Morgenkreis für alle SchülerInnen, die individuelle Bearbeitung im Rahmen der Wochenplanarbeit bzw. Freiarbeit erfolgen.

---

[1] In verschiedene Farben getauchte Murmeln werden über Papier, Karton … gerollt.

7. Was ist bei der Organisation der Portfolioarbeit zu beachten?

„Aufbewahrung!!!! Unsere Lieblingsmappe ist nicht **die** Lösung."
Gabi Weißmann, VS Walding

„Einen Ort für unsere ‚Riesen-Mappen' in unserem beengten Klassenzimmer zu finden war nicht einfach. Jetzt stehen wir vor dem Problem, dass die Mappen waagrecht übereinander gestapelt sind. Jedes Mal, wenn sie benötigt werden, muss der Stapel ab- und wieder aufgebaut werden."
Brigitte Loidl, VS Bad Ischl-Ost

„Zeit!!!!! Was soll ich noch alles in meine Unterrichtszeit hineinpressen?! ...
Anfangs war der Druck für mich als Lehrerin enorm; mittlerweile betrachte ich die Portfolioarbeit als Teil des Unterrichts, denn im späteren Leben und auch schon jetzt in der Schule sollen Platz finden: Selbsteinschätzung, Kritikfähigkeit, LehrerIn-SchülerIn-Gespräche, Wertschätzung."
Gabi Weißmann, VS Walding

Um sich nicht selbst unnötigen Stress zu bereiten, sollten Sie sich bei der Einführung von Portfolios in Ihrem Unterricht **viel Zeit** nehmen. Es erfordert Umstellungen, an die Sie und Ihre SchülerInnen sich erst gewöhnen müssen. Das braucht Zeit! Nicht alles, was hier beschrieben ist, muss in einem Schuljahr geschehen. Schließlich gibt es keine Vorschriften dafür!

Portfolios können sehr **verschieden aussehen** und sich den Gegebenheiten der Schule und der Klasse anpassen. Wir haben schon Portfolios in Mappen, Ordnern, Hängeregistraturen, Pappschachteln, Plastikkörben, Holzkästen, auf CD-ROMs und Homepages gesehen. Die LehrerInnen in unserer Gruppe haben viele gute Ideen verwirklicht. Einige Beispiele (auch auf der folgenden Seite) können Ihnen helfen, Ihre eigene Kreativität und die Kreativität Ihrer SchülerInnen zu aktivieren.

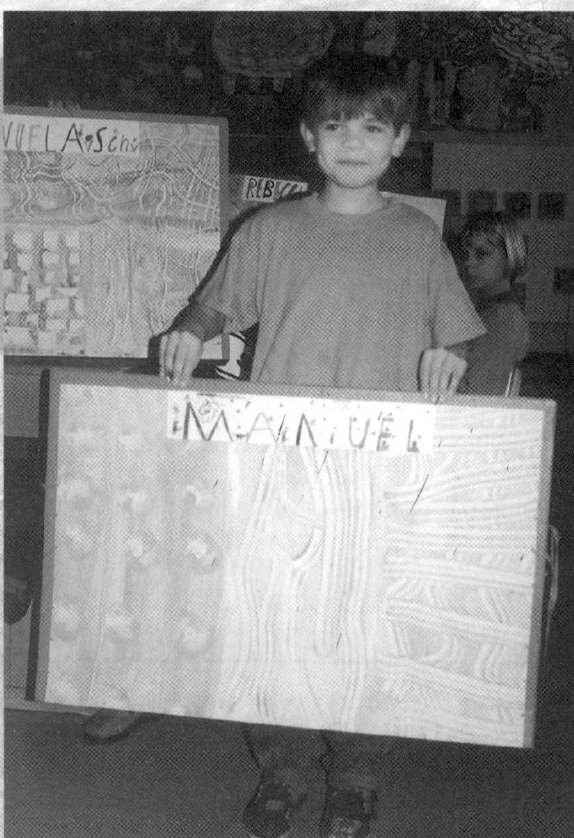
MANUEL

ANNA Schmidt
Einmaleinsdiplom
Reihen: 2 3 4 5 6 7 8 9 10
Name:
Datum:
Mein 1. Tierbuch

L'île Grande
Einen Nachmittag verbringen wir auf der L'île Grande.
Wieder haben wir viel Spaß miteinander obwohl meine Cousins und meine Cousine nicht deutsch sprechen.

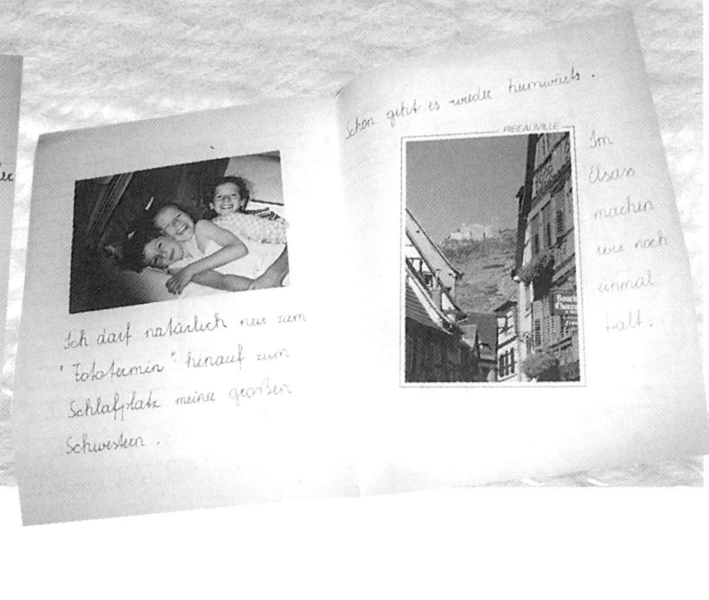
Schon geht es wieder heimwärts.
RIBEAUVILLE
Im Elsass machen wir noch einmal halt.
Ich darf natürlich nur zum 'Fototermin' hinauf zum Schlafplatz meiner großen Schwestern.

Die neuen **elektronischen Medien** haben sich bei der Arbeit mit Portfolios als besonders attraktiv erwiesen. Auf einer einzigen CD-ROM können die wichtigsten Lernprodukte einer Schülerin oder eines Schülers über mehrere Jahre gespeichert werden.

Einige Schulen haben auch schon über die Schul-Homepage Portfolios für alle SchülerInnen eingerichtet. Diese elektronischen Portfolios haben den Vorteil, dass sie leicht zugänglich sind und eine Unmenge von Daten speichern können. Außerdem können die SchülerInnen sehr leicht die Portfolioinhalte verbessern. Wahrscheinlich wird diese Speicherform in der Zukunft oft genützt werden.

Ordnung innerhalb des Portfolios

Schon in den ersten Wochen der Portfolioarbeit stellt sich die Frage nach einer **inneren Ordnung**. Sollen die Kinder ihre Produkte chronologisch einreihen, sollen sie sie nach Themen, Fachbereichen, Lernzielen ordnen? Sollen sie nur ihre besten Arbeiten oder sollen sie auch die ersten Entwürfe zur Dokumentation ihrer Entwicklung aufheben?

Wie Sie sich denken können, hängt die Entscheidung über die innere Ordnung eines Portfolios vom Inhalt des Portfolios ab. Ein Projektportfolio gehorcht einem anderen Ordnungsprinzip als das Portfolio in einem Fachgegenstand oder ein Jahresportfolio, das alle Gegenstände beinhaltet.

So geht's auch!

In der Klasse von Brigitte Loidl werden die Beobachtungsprotokolle, Selbstreflexionsbögen und Kontrollblätter für Rechtschreiben, Lesen und Mathematik in verschiedenen Mappen aufbewahrt. Die Arbeitsergebnisse zu den verschiedenen Themenbereichen werden in „Projektbüchern" zusammengefasst. Alle diese Mappen sind Bestandteil der großen Portfoliomappe.

Zeitmanagement hilft

Damit Portfolios effektiv geführt werden können, ist auch ein entsprechendes Zeitmanagement notwendig. Da Portfolios vor allem von LehrerInnen eingeführt werden, die sehr offen unterrichten, sollte ein Teil der Freiarbeitszeit oder der Wochenplanarbeitszeit für die „Pflege" des Portfolios reserviert sein. Jedenfalls ist es notwendig, dass **regelmäßig fixe Zeiträume** im Stundenplan für Portfolioarbeit eingebaut sind. Darüber hinaus müssen Überlegungen angestellt werden, wie die individuellen LehrerIn-SchülerIn-Portfoliogespräche organisiert und in den Unterricht integriert werden.

Manche Lehrpersonen glauben, dass sie diese Zeit nicht erübrigen können, weil die Kinder diese Lernzeit unbedingt benötigen. Wir sind jedoch überzeugt, dass während der Portfoliogespräche die Kinder das Gelernte nochmals vertiefen und festigen und sie damit eine besonders **wertvolle Lernzeit** darstellen. Wir ermutigen Sie deshalb, dass Sie sich die Zeit für diese Gespräche nehmen.

8. Wie werden die Lernziele gemeinsam mit den SchülerInnen festgelegt?

Es ist für alle LehrerInnen ganz selbstverständlich, dass sie sich bei der Unterrichtsvorbereitung Gedanken über die Lernziele machen. Sie haben in ihrem Kopf, was die Kinder mit den einzelnen Aufgaben und Übungen erreichen sollen. Oft finden sie es deshalb unnötig, die Lernziele zu verschriftlichen.

Viele erfahrene LehrerInnen haben uns erzählt, dass die **genaue Formulierung der Lernziele** für den Portfolioprozess für sie eine der schwierigsten Aufgaben ist und dies – vor allem am Anfang – viel Zeit gekostet hat. Um die Stärken eines Portfolios zur Geltung zu bringen, sollten die Lernziele den SchülerInnen Freiraum lassen für individuelle Lernwege, die zu verschiedenen Lernprodukten führen können. Zu konkrete Operationalisierungen behindern dies meist.

Das folgende Beispiel aus einem Projektunterricht in einer 2. Schulstufe zeigt verschiedene Aufgabenstellungen zu einem von der Lehrerin auf einem mittleren Abstraktionsniveau formulierten Lernziel und die daraus resultierenden Lernergebnisse. An diesem Beispiel wird deutlich, dass verschiedene Kinder ihren Lerngewinn unterschiedlich demonstrieren können und daher auch unterschiedliche Produkte in den Portfolios verschiedener Kinder enthalten sein können, obwohl sie dasselbe Lernziel erreichten.

LEHRPLANZIEL	AUFGABEN	MÖGLICHE LERNPRODUKTE
Suchen, Sammeln, Betrachten und Ordnen von Dingen aus der Natur	Schau dir die Bilder in dieser Station an und finde heraus, welche Tiere Eier legen und welche nicht!	• Fotos mit geordneten Bildkarten • von SchülerInnen geschriebene oder eventuell gezeichnete geordnete Listen • von den Kindern erfundene, kreative Darstellungsform (Pantomime, Rap ...)
	Finde heraus, wohin diese Tiere ihre Eier legen!	• Kinder bringen verschiedene Brutstätten in die Schule mit und erklären, was sie darüber wissen • Zusammenstellung von Bildern • Vorlesen von passenden Textstellen, die sie gefunden haben
	Schlage ein Ei auf, betrachte den Inhalt und beschreibe, was du siehst! Weißt du, wie die Teile, die du siehst, genannt werden?	• beschriftete Zeichnung • Schülerdemonstration • Gestalten eines Modells • bearbeitete Fragekarte

So geht's auch!

Siehe Kopiervorlage 5

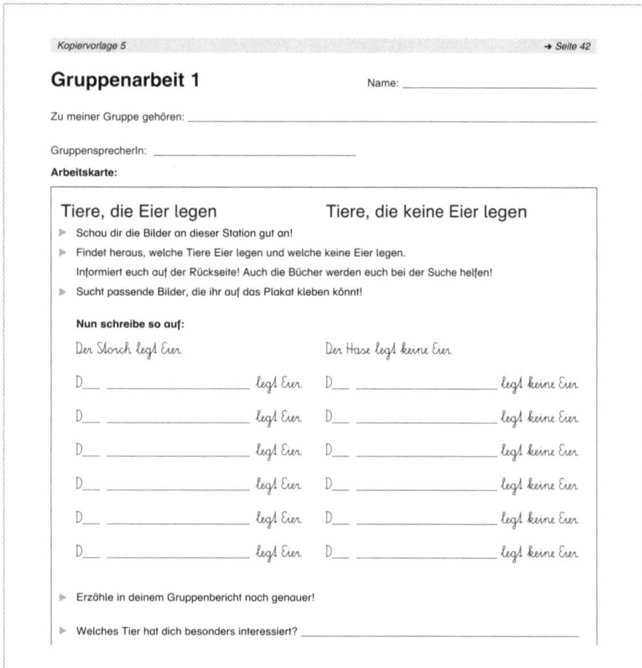
Kopiervorlage 5 → Seite 42

Gruppenarbeit 1 Name: ______

Zu meiner Gruppe gehören: ______

GruppensprecherIn: ______

Arbeitskarte:

Tiere, die Eier legen — Tiere, die keine Eier legen

- Schau dir die Bilder an dieser Station gut an!
- Findet heraus, welche Tiere Eier legen und welche keine Eier legen.
  Informiert euch auf der Rückseite! Auch die Bücher werden euch bei der Suche helfen!
- Sucht passende Bilder, die ihr auf das Plakat kleben könnt!

Nun schreibe so auf:

Der Storch legt Eier. — Der Hase legt keine Eier.

D__ ______ legt Eier. D__ ______ legt keine Eier.
D__ ______ legt Eier. D__ ______ legt keine Eier.
D__ ______ legt Eier. D__ ______ legt keine Eier.
D__ ______ legt Eier. D__ ______ legt keine Eier.
D__ ______ legt Eier. D__ ______ legt keine Eier.
D__ ______ legt Eier. D__ ______ legt keine Eier.

- Erzähle in deinem Gruppenbericht noch genauer!
- Welches Tier hat dich besonders interessiert? ______

Siehe Kopiervorlage 6

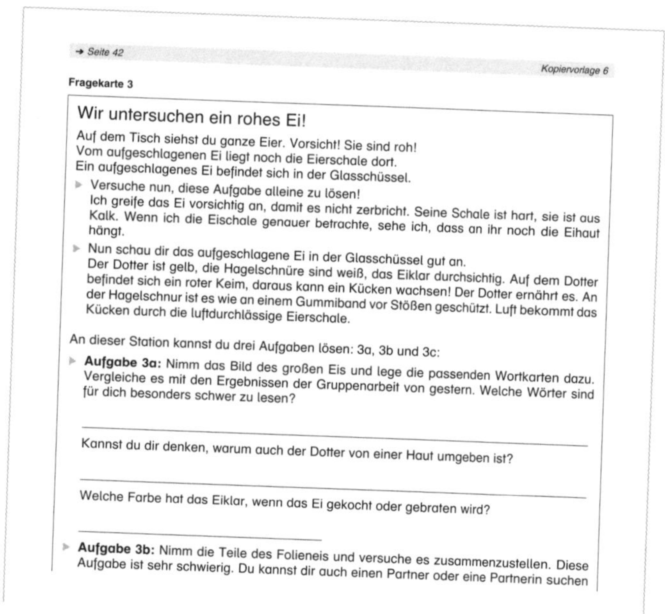
→ Seite 42 Kopiervorlage 6

Fragekarte 3

Wir untersuchen ein rohes Ei!

Auf dem Tisch siehst du ganze Eier. Vorsicht! Sie sind roh!
Vom aufgeschlagenen Ei liegt noch die Eierschale dort.
Ein aufgeschlagenes Ei befindet sich in der Glasschüssel.

- Versuche nun, diese Aufgabe alleine zu lösen!
  Ich greife das Ei vorsichtig an, damit es nicht zerbricht. Seine Schale ist hart, sie ist aus Kalk. Wenn ich die Eischale genauer betrachte, sehe ich, dass an ihr noch die Eihaut hängt.
- Nun schau dir das aufgeschlagene Ei in der Glasschüssel gut an.
  Der Dotter ist gelb, die Hagelschnüre sind weiß, das Eiklar durchsichtig. Auf dem Dotter befindet sich ein roter Keim, daraus kann ein Kücken wachsen! Der Dotter ernährt es. An der Hagelschnur ist es wie an einem Gummiband vor Stößen geschützt. Luft bekommt das Kücken durch die luftdurchlässige Eierschale.

An dieser Station kannst du drei Aufgaben lösen: 3a, 3b und 3c:

- **Aufgabe 3a:** Nimm das Bild des großen Eis und lege die passenden Wortkarten dazu. Vergleiche es mit den Ergebnissen der Gruppenarbeit von gestern. Welche Wörter sind für dich besonders schwer zu lesen?
  ______
  Kannst du dir denken, warum auch der Dotter von einer Haut umgeben ist?
  ______
  Welche Farbe hat das Eiklar, wenn das Ei gekocht oder gebraten wird?
  ______
- **Aufgabe 3b:** Nimm die Teile des Folieneis und versuche es zusammenzustellen. Diese Aufgabe ist sehr schwierig. Du kannst dir auch einen Partner oder eine Partnerin suchen

Bei der Reflexion über die Lernziele wird Ihnen einerseits bewusst, dass manche Inhalte, die Sie besonders gern unterrichteten, und Aufgaben, die bei den SchülerInnen gut ankamen, nicht unbedingt etwas zur Zielerreichung beitragen. Andererseits entdecken Sie, dass mit manchen gewohnten Aufgaben interessante neue Ziele erreicht werden können. Und trotz aller Reflexion werden im Unterricht immer wieder auch unbeabsichtigte Lernergebnisse erzielt!

Wie Sie zu Ihren **Zielen** gelangen, ist ein sehr persönlicher Prozess. Wie Sie aus den angeführten Beispielen sehen, können die Lehrplanziele ein Ausgangspunkt für die Formulierung der Unterrichtsziele sein. Manchen von uns fällt es leichter, sich zuerst mit den Inhalten, die sie unterrichten möchten, auseinander zu setzen und dann erst die Ziele festzulegen. Andere überlegen sich zuerst mögliche methodische Wege, Aufgabenstellungen und Medien, bevor sie die Ziele fixieren. Oft aber kommen beide gedanklichen Zugänge zum Tragen, wodurch völlig neue Planungskonzeptionen entstehen können.

Wenn LehrerInnen mit den SchülerInnen über den Unterricht sprechen, geben sie ihnen meistens einige wichtige Ziele an und dann konzentrieren sie sich auf die Themen und Inhalte, die gelernt werden sollen, und die konkreten Aufgaben, die in den nächsten Tagen und Wochen erfüllt werden müssen. Um den Kindern die Ziele verständlicher zu machen, erstellen viele LehrerInnen für ihre SchülerInnen **Lernziellisten** – wie die auf Seite 43 –, die angeben, was das Kind lernen kann. Sie stellen eine „Übersetzung" der Lehrplanziele in konkrete Lernziele dar. Wichtig ist, dass diese Listen mit den Kindern besprochen werden, sodass sie sich vorstellen können, welche Leistungen von ihnen erwartet werden und wie sie dies „lernen" können. Dies hilft, dass die Ziele der Lehrperson zu den persönlichen Lernzielen der Kinder werden.

So geht's auch!

Lehrplanziele

- Durchführen der Rechenoperationen im Zahlenraum von 100
- Mündliches Rechnen im additiven und multiplikativen Bereich

Lernziellisten für die SchülerInnen der 2. Klasse der VS Kirchberg bzw. der VS Altenberg

Siehe Kopiervorlagen 7 und 8

Kopiervorlage 7 → Seite 43

Lernzielliste **Mathematik** **2. Schulstufe**

Ich bin im Zahlenraum 100 sicher. (Ich erkenne Zahlennachbarn, ordne die Zahlen richtig, bestimme den Stellenwert, kann Zahlen richtig lesen und schreiben.)
Lösen von Additionen:
Ich kann einstellige Zahlen mit Zehnerübergang addieren. Z. B.: 8 + 7 =
Ich kann reine Zehnerzahlen addieren. Z. B.: 30 + 60 =
Ich kann gemischte Zehnerzahlen und Einerzahlen addieren. Z. B.: 63 + 5 =
Ich kann gemischte Zehnerzahlen und Einerzahlen mit Zehnerübergang addieren. Z. B.: 24 + 8 =
Ich kann zwei gemischte Zehnerzahlen ohne Zehnerübergang addieren. Z. B.: 32 + 45 =
Ich kann zwei gemischte Zehnerzahlen mit Zehnerübergang addieren. Z. B.: 48 + 27 =
Lösen von Subtraktionen:
Ich kann einstellige Zahlen subtrahieren. Z. B.: 9 – 5 =
Ich kann reine Zehnerzahlen subtrahieren. Z. B.: 80 – 50 =
Ich kann von gemischten Zehnerzahlen Einerzahlen subtrahieren (ohne Zehnerunterschreitung). Z. B.: 47 – 6 =
Ich kann von gemischten Zehnerzahlen Einerzahlen mit Unterschreitung des Zehners subtrahieren. Z. B.: 85 – 8 =
Ich kann zwei gemischte Zehnerzahlen ohne Zehnerunterschreitung subtrahieren. Z. B.: 68 – 24 =
Ich kann zwei gemischte Zehnerzahlen mit Zehnerunterschreitung subtrahieren. Z. B.: 45 – 18 =

74 Veritas Kopiervorlage

Kopiervorlage 8 → Seite 43

Das Einmaleins:
Ich beherrsche die 2er-Reihe, 10er-Reihe und die 5er-Reihe.
Ich beherrsche die 3er-Reihe und die 4er-Reihe.
Ich beherrsche die 6er-Reihe und die 8er-Reihe.
Ich beherrsche die 7er-Reihe und die 9er-Reihe.
Ich kann In-Rechnungen lösen und kann teilen.
Größen und Maße:
Ich kenne Längenmaße und kann damit rechnen.
Ich kenne Gewichtsmaße und kann mit kg und dag rechnen.
Ich kenne das Geld und kann mit S und g (€ und c) rechnen.
Ich kenne den Kalender und die Uhrzeit und kann mit min, h, Tagen, Wochen und Monaten rechnen.
Geometrie:
Ich kann Muster zeichnen und nachzeichnen.
Ich kann geometrische Flächen und Körper beschreiben und vergleichen.
Ich kenne die Namen von Flächen und Körpern.
Ich kann mit geometrischen Zeichengeräten umgehen.

Siehe Kopiervorlage 9

Kopiervorlage 9 → Seite 43

Lernzielliste **Sachunterricht** **2. Schulstufe**
Projektunterricht: Das Ei

→ Themenkreis:
✓ Begegnung mit der Natur:
✓ Naturobjekte untersuchen
✓ Naturvorgänge beobachten
✓ Biologische Zusammenhänge in der Tierwelt
✓ Suchen, Sammeln, Betrachten und Ordnen von Dingen aus der Natur

Individuelle Lernziele für:	
Beteiligt sich mit sachbezogenen Beiträgen/Ideen am Projekt	
Bringt zum Projekt passende Arbeitsmaterialien mit	
Übernimmt Aufgaben bei der Durchführung von Projekten	
Übernimmt Führungsposition in Gruppen	
Arbeitet während des Projekts eifrig und interessiert	
Arbeitet im Projekt gern mit PartnerInnen und in Gruppen	
Arbeitet selbstständig und zielstrebig	
Kann das erlernte Wissen in schriftliche Arbeit umsetzen	
Gestaltet detaillierte Arbeiten im Projekt	
Merkt sich Inhalte des Unterrichts	
Kann Inhalte aus Büchern/Bildmaterial entnehmen	

Unterrichtsziele sollten nicht nur im fachlichen bzw. kognitiven Bereich festgelegt werden, sondern auch Schlüsselqualifikationen und dynamische Fähigkeiten beinhalten. Diese gewinnen in den westlichen Industriegesellschaften immer mehr Bedeutung. LehrerInnen, die alternative Formen der Leistungsbeurteilung einsetzen, verwenden für diesen Bereich häufig Lernziellisten, die ähnlich der folgenden sind.

Siehe Kopiervorlage 10

→ Seite 44 Kopiervorlage 10

Lernziellisten — **Schlüsselqualifikationen und dynamische Fähigkeiten**

VERHALTEN IN DER GEMEINSCHAFT
Ich arbeite gerne mit anderen Kindern zusammen.
Ich helfe anderen Kindern.
Ich halte mich an gemeinsam vereinbarte Regeln.
Ich nehme Rücksicht auf andere.
Ich kann Kritik vertragen.
Ich überlege mir Lösungen für Probleme.
Ich sage meine Wünsche und habe gute Ideen.

ARBEITSVERHALTEN

So geht's auch!

Lernzielhaus

Veronika Oberressl hat die Ziele aller Unterrichtsgegenstände der 2. Schulstufe in einem „Lernzielhaus" übersichtlich dargestellt.

Siehe Kopiervorlagen 1 und 2

In jedem Unterricht sollen auch **emotionale Ziele** erreicht werden. Die LehrerInnen möchten, dass sich ihre SchülerInnen engagieren, sich einfühlen können, Freude und Trauer empfinden. Sie sollen Interesse und Begeisterung, Ärger und Abscheu ausdrücken können. Obwohl wir als LehrerInnen diese Ziele sehr ernst nehmen, berücksichtigen nur wenige von uns die emotionale Entwicklung der Kinder in ihrer Leistungsbeurteilung, weil sie schwer in Ziffernnoten auszudrücken ist.

Vielen LehrerInnen ist es zudem ein Anliegen, allgemein anerkannte **Werte** wie Ehrlichkeit, Respekt, Höflichkeit, Verantwortung und Selbstdisziplin bewusst zu Unterrichtszielen zu machen. Sie haben festgestellt, dass auch diese Werte erarbeitet werden müssen, damit sie in der Schule – und natürlich auch außerhalb – gelebt werden können.

Anders als bei der herkömmlichen Leistungsbeurteilung können in Portfolios auch die emotionale Entwicklung und die Verwirklichung der Werte durch Tagebucheintragungen und Reflexionsblätter dokumentiert werden.

Es ist wichtig, den Kindern die Ziele des Unterrichts verständlich zu machen. Noch günstiger ist es, die Ziele gleich gemeinsam mit den Kindern zu erarbeiten. Auf diese Weise wird sichergestellt, dass die Ziele tatsächlich „Lern"-Ziele der Kinder sind.

Kopiervorlage 1 → Seite 44 → Seite 44 Kopiervorlage 2

2. Klasse

LESEN, SPRECHEN, SPRACHBETRACHTUNG, SCHREIBEN
- altersgemäße Texte geläufig und gut verständlich vorlesen
- den Sinn der Texte erfassen und wiedergeben
- sich selbstständig mit Texten verschiedener Art auseinander setzen
- bewusst zuhören und Gesprächsregeln einhalten
- sich zu Gehörtem sachl. äußern
- eigene Auffassung vertreten
- verständlich und zusammenhängend erzählen, fragen, antworten
- deutlich und eindrucksvoll sprechen
- mit der Sprache spielerisch und kreativ umgehen
- Sätze richtig bauen und umbauen
- Satzzeichen : . ? ! richtig anwenden
- kennt die Wortart „Namenwort" und kann den Begleiter zuordnen
- kann Begriffe wie „Buchstabe", „Wort", „Satz" verstehen und anwenden
- schreibt Texte gut lesbar, formgerecht und geordnet
- schreibt Buchstaben u. Ziffern formgerecht und im richtigen Bewegungsablauf

VERFASSEN VON TEXTEN, RECHTSCHREIBEN
- hat Freude am Verfassen von Texten
- kann Mitteilungen, Wünsche, Fragen, Antworten niederschr.
- kann eigene Erlebnisse, Beobachtungen u. a. in kurzen Sätzen niederschreiben
- kann einen ausgewählten Grundwortschatz sicher schreiben
- kann den GWS in verschiedenen sprachl. Zusammenhängen anwenden
- Wörter in Sprechsilben zerlegen
- zusammengesetzte Wörter trennen in einzelne Wörter
- verwendet das Wörterbuch u. a. schriftl. Unterlagen als RS-Hilfen
- Großschreibung bei Namenwörtern/Satzanfängen anwenden
- rechtschriftliche Lösungsmethoden anwenden

MUSIKERZIEHUNG
- beim Singen mitmachen
- mit Klängen, Tönen, Geräuschen, Bewegungen experimentieren
- kann Tonhöhe, Tondauer, Tempo, Lautstärke, Klangfarbe unterscheiden
- passende Instrumente auswählen zu einem Lied/Text

BILDNERISCHE ERZIEHUNG
- sorgfältig und ausdauernd arbeiten
- Menschen, Tiere, Dinge differenziert darstellen
- kreativer Umgang mit einfachen Werkmitteln/Farben/Formen
- bringt sich bei Werkbesprechung ein

LEIBESÜBUNGEN
- bei Übungen mitmachen
- Spielregeln beachten
- laufen — springen
- klettern — werfen, fangen
- hangeln — schaukeln, schwingen
- rollen — überdrehen
- stützen — seilspringen
- ziehen schieben

SACHUNTERRICHT
- arbeitet im Heft u. ä. sorgfältig, leserlich und übersichtlich
- einfache biologische und gesellschaftliche Zusammenh. erklären
- geht verantwortungsbewusst mit eigenen u. fremden Sachen um
- verantwortungsbew. Verhalten gegenüber der Natur
- verantwortungsbew. Umgehen mit der Gesundheit
- bewusst beobachten
- Aufträge und übernommene Arbeiten zuverlässig ausführen
- Eigenaktivität: Arbeitsvorschläge, Fragen, Lösungswege ...
- Informationen richtig weitergeben
- richtige Auskunft geben
- aus Bildern und Texten Informationen entnehmen
- sich selbst Informationen besorgen
- sich schnell in neuen Aufgabenstellungen

MATHEMATIK
- Verstehen der Operationsstrukuren
- Durchführen v. Rechenoperat. im ZR 100:
- - wegzählen + dazuzählen mit Zehnerüber-/-unterschreitung
- ohne Material
- Einmaleins Einsineins automatisiert 10 5 2 4 3 6 8 9 7
- Verdoppeln — Vertauschen
- Halbieren — Zerlegen
- kann Sachaufgaben lösen
- Maßeinheiten kennen und anwenden: 100 – 1
- m dm cm — kg dag — S g € c
- Stunde – Tag – Woche – Monat – Jahr
- Operieren mit Größen: schätzen – messen
- räumliche Positionen Richtungen angeben können
- Erfassen und Beschreiben von einfachen geometrischen Figuren
- Quader — Zylinder — Kugel
- Untersuchen von Flächen: vergleichen, ordnen, nachlegen ...
- Hantieren mit Zeichengeräten
- Handelndes Entdecken von Symmetrien (Faltschnitte)
- Richtiges Verwenden von

ARBEITSVERHALTEN
- sachbezogene Arbeitshaltung
- Lernfreude und Sachinteresse
- sich für eine Arbeit selbst entscheiden, sie planen und organisieren
- sorgfältig und genau arbeiten
- selbstständig arbeiten
- Ordnung halten bei den Arbeitsmitteln
- Ausdauer bei der Arbeit zeigen
- im Unterricht regelmäßig mitarbeiten

SOZIALVERHALTEN
- sich etwas zutrauen
- eigene Wünsche angemessen äußern
- Anerkennung von Regeln
- Fähigkeit zur Zusammenarbeit
- zu Konfliktlösungen beitragen
- berechtigte Kritik ertragen
- sich auf Bedürfnisse anderer einstellen
- Rücksicht nehmen
- anderen aus eigenem Antrieb helfen
- sich für die Gemeinschaft einsetzen

So geht's auch!

So hat zum Beispiel Brigitte Loidl ihre SchülerInnen gefragt, was sie über ihren Heimatort Bad Ischl lernen wollen. Dabei stellte sich heraus, dass es interessant ist, auch etwas über das Heimatland der ausländischen MitschülerInnen zu erfahren; also wurden diese Fragen dazugenommen. Wichtig war, dass gemeinsam überlegt und dann aufgeschrieben wurde, wie die Kinder diese Informationen erhalten können. Auf diese Weise fixierte die Lehrerin durch die Arbeit mit den Kindern folgende Ziele für das Unterrichtsprojekt:

- Den eigenen Heimatort kennen.
- Verschiedene Methoden für den Erwerb der notwendigen Informationen anwenden können.
- Den emotionalen Bezug zum Heimatort vertiefen.
- Die Heimatländer der ausländischen Kinder durch deren Beschreibung kennen lernen.
- Die Besonderheiten der verschiedenen Heimatorte wahrnehmen.
- Verständnis für die jeweiligen heimatlichen Situationen aufbringen.

Lernziele → Was ich über Bad Ischl wissen möchte

→ Wie die Menschen früher gekleidet waren
→ Wie ist Ischl entstanden?
→ Alte Villen und neue Häuser
→ Welche Fabriken gibt es in Bad Ischl?
→ Welche wichtigen Straßen gibt es?
→ Warum steht auf der Katrin ein Kreuz?
→ Was ist auf dem Siriuskogel zu sehen?
→ Die Burgruine Wildenstein
→ Wie ist Ischl berühmt geworden?
→ Wie hat Ischl früher ausgesehen?
→ Wer kam auf den Namen Ischl?
→ Wie viele Menschen wohnen in Bad Ischl?
→ Sehenswürdigkeiten von Bad Ischl
→ Die Ortschaft Roith erforschen (Sagen)
→ Warum werden so viele Bäume umgeschnitten?
→ Ich möchte gerne etwas über den Ischler Marktplatz (Kreuzplatz) lernen
→ Ich möchte etwas über Berge in Ischl lernen
→ Welche Bräuche hatten die Ischler früher?
→ Die Ortschaften Ahorn und Kaltenbach erforschen
→ Die Ortschaften von Bad Ischl
→ Berühmte Personen in Ischl
→ Flüsse von Bad Ischl
→ Bad Ischl und das Salz
→ Unsere ausländischen Kinder beschreiben ihr Heimatland (Türkei/China/Indien/Kroatien)

Wie verschaffe ich mir Informationen?

→ Wir machen Lehrausgänge.
→ Ich mache Wanderungen und Streifzüge in der Gegend.
→ Ich mache Interviews.
→ Wir fragen Eltern, Großeltern, Bekannte ...
→ Ich mache mir Notizen.
→ Ich lese Bücher, Zeitungen, Zeitschriften, Pläne, Prospekte ...
→ Ich sammle Fotos, Prospekte, Zeitungsartikel, Bilder ...

Projekt-Arbeitsgruppen

Sebastian, Philipp
Siriuskogel → Wanderung, Fotos, Lage Ischls, Planskizze, Bericht
Burg/Ruine Wildenstein → Wanderung, Zeichnung, Bild, Fotos, Bericht
Das Salz/Der Salzberg – Vortrag von Philipps Vater, Gesteinsproben, Skizze, Zusammenfassung

Theresa N., Anna K.
Die 20 Ortschaften Bad Ischls – Planskizze
Die Ortschaften Roith und Ahorn → Ortschaften erforschen, Fotos, Denkmäler/Erinnerungsstätten, Berichte

Kathi, Angelika
Ischl früher → Bücher suchen, Bilder/Fotos sammeln, Zeitungen, Eltern fragen, Wandposter anfertigen, Berichte, Zeitstreifen gestalten
Brauchtum – Fotos, Bericht

Anna Sch., Fon Lin
Das Kurhaus → Fotos, Bilder, Bücher, Interviews, Bericht
Mein Heimatland China – Leben in China, Unterschiede im Vergleich zu Österreich in Kultur, Religion, Sprache, Schrift, Aussehen der Menschen, Kleidung, Speisen ... – Besuch im chinesischen Restaurant – wir essen mit Stäbchen – Bericht, Fotos, Zeichnungen, Modeschau

Theresa B., Julia
Kaiservilla → Besuch in der Kaiservilla, Bilder, Fotos, Interview mit Mag. Habsburg, Berichte über die Villa und das Kaiserpaar
Denkmäler in Bad Ischl – Lehrausgang, Fotos, Bericht

Melanie, Nina
Berühmte Personen in Ischl → Eltern fragen, Bücher suchen – lesen, Straßennamen erforschen, Denkmäler ausfindig machen

Rebecca, Manuela
Kläranlage Roith → Material besorgen, Kurzzusammenfassung erstellen

Jörg, Rene
Kalkwerk → Material besorgen, Fotos, Bericht

Xaver, Manuel
Berge in Bad Ischl – Planskizze zeichnen, Bericht
Jainzenberg erforschen – Wanderung, Sagen lesen, Fotos, Bericht

Emil, Günhan
Mein Heimatland Türkei – Unterschiede im Vergleich zu Österreich in Kultur, Religion, Kleidung, Musik, Speisen, Sprache – Bericht

Das Portfolio hat den großen Vorteil, dass es nicht nur zeigt, wie jedes Kind die gemeinsamen Unterrichtsziele erreicht. Es gibt den SchülerInnen auch die Möglichkeit, sich selbst Ziele zu setzen und zu dokumentieren, wie sie diese erreicht haben. In der Freiarbeit und im Projektunterricht werden LehrerInnen diese Möglichkeit des Portfolios voll ausschöpfen und den SchülerInnen zeigen, wie sie ihre eigenen Ziele formulieren können. Gruppenziele und persönliche Ziele sind auch gut geeignet, um spezielle Interessen und Begabungen zu fördern und an spezifischen Stärken und Schwächen zu arbeiten.

So geht's auch!

Das folgende Beispiel aus der Volksschule Altenberg zeigt, wie Kinder, angeregt durch Frau Renezeder, für sich persönliche Lernziele gefunden haben.
Meine SchülerInnen brachten ihre „Eimappen" als Ergebnis eines Projektes des vergangenen Schuljahres mit und erklärten sich freudig bereit, in einer Unterrichtsstunde noch einmal darüber zu sprechen.

Gliederung der Stunde:
Wiederholung der Inhalte des Vorjahres? Woran kannst du dich erinnern?
Ergebnis: **Alle** Inhalte wurden von den SchülerInnen wiederholt, auch ohne Mappen konnten sie sich an die Inhalte gut erinnern, ihre Kenntnisse waren sehr erfreulich.

Was hat dir damals besonders gefallen?
Die folgende Reihung wurde nach den Interessen der Schüler erstellt:
- → Die Arbeit in Gruppen (Herstellen von Plakaten, Unterrichten der anderen SchülerInnen)
- → Das Kochen und Basteln
- → Das Erstellen von schönen Arbeitsblättern
- → Das Lernen der Gedichte

Was würdest du in diesem Jahr noch einmal gerne tun?
- → In Gruppen arbeiten (Plakate erstellen)
- → Kochen und Basteln

Was möchtest du in diesem Jahr noch erforschen, noch erfahren?
- → Ich möchte Kücken schlüpfen sehen.
- → Ich möchte verschiedene Eier kennen lernen (verschiedene Farben/Größen), ich möchte auch sehen, wie sie innen aussehen!
- → Ich möchte mehr über die Brutzeit wissen: Wie lange muss die Henne auf den Eiern sitzen, wer bringt ihr Nahrung; wie ist das bei anderen Vögeln/Tieren: müssen alle auf den Eiern sitzen ...?

- Eier, die keine Schale haben (Frösche): Was schlüpft aus dem Ei? Wie entwickelt es sich?
- Wie war das bei den Dinosauriern?
- Ich möchte in den Vogelpark, in ein Museum, auf einen Bauernhof ...
- Wie leben Hühner auf dem Bauernhof – wie sehen Legebatterien aus?
- Ich möchte noch viel mehr Geschichten schreiben, Geschichten sortieren, denn ich habe schon viel erlebt: hilflose Vögel, die aus dem Nest gefallen sind, Katzen, die Vögel jagen ... Mein Hund hat Junge bekommen – warum müssen diese so lange bei der Mutter bleiben ...

Noch viel mehr Gedichte lernen (Das ist der Wunsch einer sehr kreativen Schülerin, die trotz viel Fleiß in den Kulturtechniken zu kämpfen hat, interessanterweise aber über eine besonders gute Merkfähigkeit verfügt. Sie hatte beim Eiprojekt im Vorjahr alle acht angebotenen Gedichte gelernt und durfte diese damals auf Kassette sprechen!)

Kenntnis und Verständnis von Lernzielen ist nicht nur für die SchülerInnen wichtig. Wenn wir möchten, dass unsere SchülerInnen zu Hause entsprechend unterstützt werden, müssen auch die **Eltern** über die Lernziele informiert sein. Dies geschieht häufig auf Klassenelternabenden, bei denen die Lehrerin, der Lehrer die Unterrichtsziele den Eltern vorstellt. Eine andere Möglichkeit der Kommunikation mit den Eltern bieten die Lernziellisten, die den Eltern ebenfalls zeigen, was ihre Kinder lernen sollen.

9. Wie lernen die SchülerInnen, geeignete Lernbeispiele auszuwählen?

„Wer die Wahl hat, hat die Qual." Viele SchülerInnen überlegen lange, welche ihrer Produkte in die Portfoliomappe kommen sollen und brauchen oft Zuspruch von FreundInnen, Eltern und LehrerInnen. Für die SchülerInnen besteht die Entwicklung eines Portfoliosystems aus vier wesentlichen Schritten: Sammlung, Auswahl, Reflexion und Vorschau.

Sammlung

Um sich der **Verschiedenheit der Lernprozesse** und der Fülle des Gelernten bewusst zu werden, ist es sehr wichtig, dass die SchülerInnen alles, was sie produzieren, sammeln: Hausaufgaben, Fleißaufgaben, persönliche Projekte, Gruppenprojekte, außerschulische Arbeiten, die mit den Schulthemen zu tun haben, Tests, Auszeichnungen, Ideen, die auf einen Zettel gekritzelt wurden. Es ist erstaunlich, was in einer Woche an Lernprodukten zusammenkommt.

Natürlich kommt es auf die Art des Portfolios an, welches und wie viel Material gesammelt wird. Für eine Projektmappe wird alles gesammelt, was irgendwie zu dem Projekt gehört, für eine Jahresmappe alle Arbeiten, die produziert werden.

Üblicherweise existiert in jeder Klasse ein **Ordnungssystem**, sodass die Kinder wissen, wo sie was aufheben: verschiedene Ordner, die Mappe für bildnerisches Gestalten, Hefte, Schachteln usw. Dieses System kann weitergeführt werden, sodass die Kinder in das Portfolio nur die ausgewählten Lernergebnisse aufnehmen. Eine andere Möglichkeit ist, alle Lernprodukte sofort in die Portfoliomappe(n) aufzunehmen und regelmäßig auszusortieren.

Auswahl

Damit die SchülerInnen den Überblick bewahren können, sollte die Auswahl in **regelmäßigen Abständen** erfolgen. Günstig ist es, am Ende eines Unterrichtsabschnittes oder einer mittelfristigen Planungseinheit die Auswahl vornehmen zu lassen, weil zu diesem Zeitpunkt alle Lernergebnisse zu einem Thema vorliegen.

Zum Auswählen muss genügend Zeit während des Unterrichts zur Verfügung stehen. Wie viel Zeit die Kinder brauchen, hängt vom Typ der Mappe ab und davon, wie viel Lernmaterial sich angesammelt hat. Die Zeit der Auswahl sollte von LehrerInnen und SchülerInnen als wichtige Lernzeit betrachtet werden, denn ganz wesentliche Denkprozesse werden hier gefordert und geübt. Beim **Vergleich** zwischen den Lernzielen und den Lernprodukten werden sich die SchülerInnen oft erst bewusst, was sie gelernt haben und welche Übungen ihnen dazu verhalfen. Sie bekommen ein tieferes Verständnis für die Wichtigkeit des Gelernten und es bekommt eine persönliche Bedeutung für sie. Die Auswahl hilft ihnen auch bei der Entwicklung von Qualitätskriterien und bei der Bewertung ihrer Leistungen.

Bei der Auswahl ihrer Lernprodukte haben die SchülerInnen die Möglichkeit, ihren eigenen Lernprozess zu verfolgen und zu dokumentieren, wie sie durch Übung und **kritische Analyse** ihrer Arbeiten zu erfolgreichen Endprodukten gekommen sind. Gerade bei langwierigen Prozessen, wie zum Beispiel der Produktion von schriftlichen Arbeiten, sollten SchülerInnen den ersten Entwurf, eine Zwischenversion und das Endprodukt in die Mappe geben, damit der kognitive Werdegang nachvollzogen werden kann (siehe Beispiel „Wunderblume"). So können sie für sich und andere den Lernzuwachs dokumentieren. Zur besseren Übersicht könnte die Klasse übereinkommen, die verschiedenen Versionen mit Stickern oder speziellen Symbolen zu kennzeichnen.

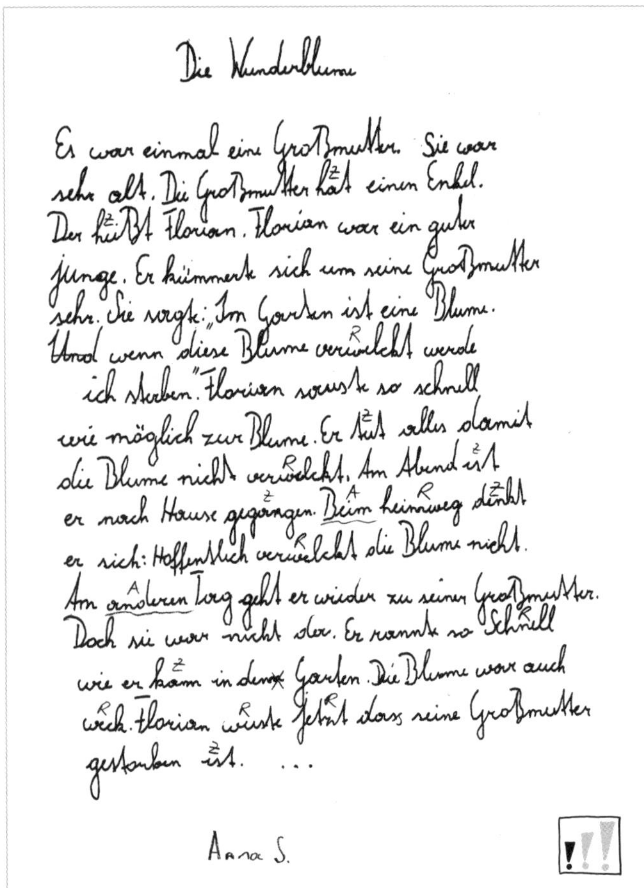
Die Wunderblume

Er war einmal eine Großmutter. Sie war sehr alt. Die Großmutter hat einen Enkel. Der heißt Florian. Florian war ein guter junge. Er kümmert sich um seine Großmutter sehr. Sie sagt: „Im Garten ist eine Blume. Und wenn diese Blume verwölcht werde ich sterben." Florian saust so schnell wie möglich zur Blume. Er tut alles damit die Blume nicht verwölcht. Am Abend ist er nach Hause gegangen. Beim heimweg denkt er sich: Hoffentlich verwölcht die Blume nicht. Am anderen Tag geht er wider zu seiner Großmutter. Doch sie war nicht da. Er rannt so schnell wie er kam in den Garten. Die Blume war auch weck. Florian wüst jetzt dass seine Großmutter gestorben ist. ...

Anna S.

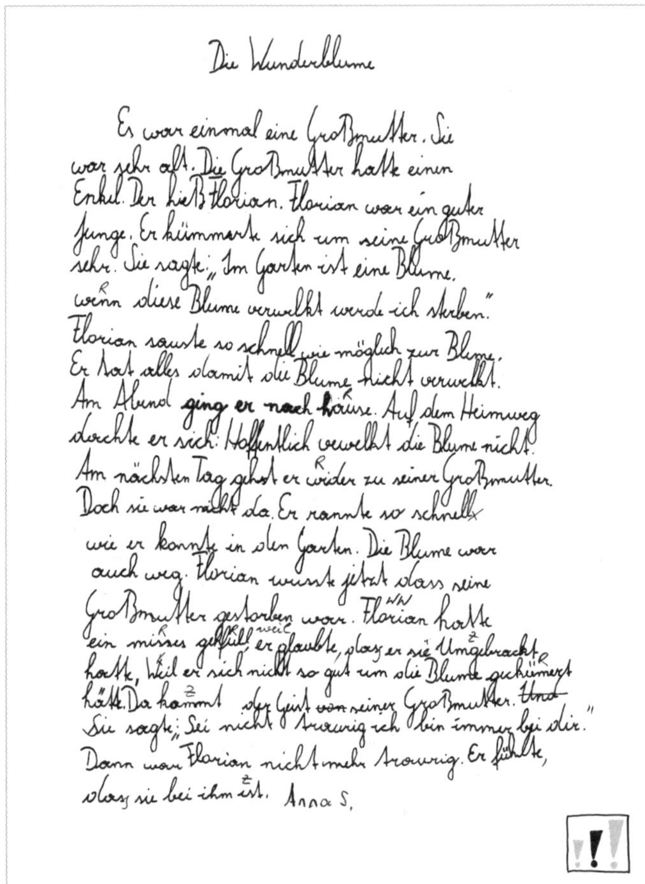
Die Wunderblume

Er war einmal eine Großmutter. Sie war sehr alt. Die Großmutter hatte einen Enkel. Der hieß Florian. Florian war ein guter Junge. Er kümmerte sich um seine Großmutter sehr. Sie sagte: „Im Garten ist eine Blume, wenn diese Blume verwelkt werde ich sterben." Florian sauste so schnell wie möglich zur Blume. Er tat alles damit die Blume nicht verwelkt. Am Abend ging er nach hause. Auf dem Heimweg dachte er sich: Hoffentlich verwelkt die Blume nicht. Am nächsten Tag geht er wider zu seiner Großmutter. Doch sie war nicht da. Er rannte so schnell wie er konnte in den Garten. Die Blume war auch weg. Florian wusste jetzt dass seine Großmutter gestorben war. Florian hatte ein mieses gefühl er glaubte, dass er sie umgebracht hatte, weil er sich nicht so gut um die Blume gekümmert hätte. Da kommt der Geist von seiner Großmutter. Sie sagte: „Sei nicht traurig ich bin immer bei dir." Dann war Florian nicht mehr traurig. Er fühlte, dass sie bei ihm ist. Anna S.

Die Wunderblume

Es war einmal eine Großmutter. Sie war sehr alt. Die Großmutter hatte einen Enkel. Der hieß Florian. Florian war ein guter Junge. Er kümmerte sich um seine Großmutter sehr. Sie sagte: Im Garten ist eine Blume. Wenn diese Blume verwelkt werde ich sterben." Florian sauste so schnell wie möglich zur Blume. Er tat alles damit die Blume nicht verwelkt. Am Abend ging er nach Hause. Auf dem Heimweg dachte er sich: „Hoffentlich verwelkt die Blume nicht." Am nächsten Tag geht er wieder zu seiner Großmutter. Doch sie war nicht da. Er rannte so schnell wie er konnten den Garten. Die Blume war auch weg. Florian wusste jetzt dass seine Großmutter gestorben war. Er hatte ein mieses Gefühl, weil er glaubte, dass er sie umgebracht hätte, weil er sich nicht so gut um die Blume gekümmert hatte. Da kam der Geist seiner Großmutter. Sie sagte: „Sei nicht so traurig. Ich bin immer bei dir." Er fühlte, dass sie bei ihm war.

Anna S.

Bei dieser Art von Auswahl müssen sich die LehrerInnen bemühen, in der Klasse eine neue Dokumentationskultur zu schaffen. Viele Kinder weigern sich anfangs, die ersten Entwürfe aufzuheben, geschweige denn herzuzeigen. Die Prozessorientierung muss in vielen Klassen erst gelernt werden, denn es herrscht oft noch die magische Vorstellung, dass das gute Produkt, wie es in der Schularbeit oder im Test sein sollte, gleich beim ersten Mal da ist. Viele Kinder sind erstaunt, wenn sie bei ihrer Arbeit an den Portfolioprodukten feststellen, dass die ersten Entwürfe der Klassenbesten auch nicht anders aussehen als ihre eigenen, und sie merken dabei, dass es sehr oft viele Entwürfe braucht, bis ein gutes Endprodukt entsteht.

So geht's auch!

Das folgende Beispiel zeigt die Entwicklung eines Kindes im Zeitraum vom Anfang des zweiten Schuljahres bis Weihnachten. Diese Gegenüberstellung macht dem Kind augenscheinlich, welchen imponierenden Fortschritt es beim Texteschreiben machte.

Ferien

In den Ferien hab ich 3 Bücher gelesen.

In den Weihnachtsferien

Wir haben gesungen und die Glocke hat geläutet.

Bernhard und Stefanie von Salzburg sind gekommen.

Wir haben eine Schneeballschlacht gemacht.

Wir sind um 7 Uhr in die Kirche gegangen.

Ich habe Opa beim Besenreisig holen geholfen.

Ich war mit Elina und Elisabeth eisstockschießen.

Ich habe Elina zum Bob fahren abgeholt und sie ist noch im Pyjama gewesen.

Morgen hat Mama Geburtstag. Ich mach Mama zum Geburtstag 6 Jausenteller.

Ich hab in der Silvesternacht gut geschlafen.

Ich hab Papa beim Siloausschmeissen geholfen.

Ich war mit Elisabeth Schifahren.

Ich hab Papa beim Holzmessen geholfen.

Ich bin mit Papa, Mama, Ingrid und Elisabeth spazieren gegangen.

Es wird uns immer wieder von erfahrenen LehrerInnen bestätigt, dass die Verantwortung für die Auswahl der Lernprodukte allein bei den SchülerInnen liegt. Diese Verantwortungsübertragung ist nicht selbstverständlich und wird von den Kindern nicht immer leicht akzeptiert. Es ist daher notwendig, dass immer wieder mit den Kindern über den Zweck ihres Lernens diskutiert wird. Sie müssen einsehen, dass ihnen das Lernen niemand abnehmen kann.

Reflexion

Jede Auswahl ist mit Analyse und Reflexion verbunden. Mit Hilfe des Portfolios können LehrerInnen ihren SchülerInnen beibringen, wie man über sein eigenes Lernen nachdenken und auf dieser metakognitiven Ebene neue Erkenntnisse über die besten **persönlichen Lernstrategien** bekommen kann. In der Reflexionsphase entwickeln die SchülerInnen auch Qualitätskriterien, mit denen sie ihre Lernprodukte zu bewerten lernen.

LehrerInnen, die mit Portfolios arbeiten, sind sich darüber einig, dass die Reflexion auch bei sehr jungen Kindern **schriftlich** erfolgen muss, damit die SchülerInnen aus ihren Reflexionen lernen können und damit außenstehende Betrachter, wie LehrerInnen und Eltern, Gedankengänge und Kriterien verstehen können, die zur Auswahl eines Lernproduktes geführt haben. Wenn Kinder noch nicht schreiben können, sollten ihre Reflexionen von ihrer Lehrerin bzw. von ihrem Lehrer oder von den Eltern aufgeschrieben werden.

Das Aufschreiben ihrer Reflexionen fällt den Kindern anfänglich sehr schwer. Hier ist Zuspruch und Hilfestellung notwendig! Eine Hilfe stellen strukturierte Reflexionsbögen wie die Lernberichte von Brigitte Loidl dar. SchülerInnen, die schon mehrere Jahre mit Portfolios arbeiten, entwickeln sehr klare und ausgereifte Gedankengänge, wenn sie über ihre Arbeit in der Schule nachdenken. Diese Fähigkeit erhöht auch in anderen Unterrichtsaufgaben das Niveau ihrer Arbeit.

Sie sehen hier einige Beispiele von Schülerreflexionen zu den Lerninhalten und zu den Arbeitsweisen aus verschiedenen Altersstufen, die dokumentieren, wie differenziert manche ihrer Analysen sind.

Siehe Kopiervorlagen 14 bis 17

Lernbericht - Ich   2.....Woche   Datum: 12. November

Name: F.L.C.

Schätze dich selber gut ein:

	Braucht noch Arbeit	Ist in Ordnung	Super
Mein Benehmen		X	
Meine Schrift		X	
Meine Hausübungen		X	
Wie ich mich in der Klasse verhalte		X	
Wie ich Ordnung halte	X		
Bin ich pünktlich?		X	
Befolge ich Anweisungen?		X	
Wie steht es mit der Zusammenarbeit?			X
Nütze ich die Zeit gut?			X

Für die Dinge, die noch Arbeit brauchen, werde ich:

Schöner schreiben und langsamer schreiben und besser Rechnen besser Ordnung halt und Bankfach aufreumen.

Was mich stört und was ich gerne geändert hätte:

Lernbericht - Ich 9. Woche Datum: 11. November

Name: X.K.

Schätze dich selber gut ein:

	Braucht noch Arbeit	Ist in Ordnung	Super
Mein Benehmen		X	
Meine Schrift		X	
Meine Hausübungen	X		
Wie ich mich in der Klasse verhalte			X
Wie ich Ordnung halte		X	
Bin ich pünktlich?			X
Befolge ich Anweisungen?		X	
Wie steht es mit der Zusammenarbeit?			X
Nütze ich die Zeit gut?		X	

Für die Dinge, die noch Arbeit brauchen, werde ich:

Ich schreibe meine hausaufgaben auf weil ich immer was vergesse.

Was mich stört und was ich gerne geändert hätte:

Ich mage nicht jeden Tag Rechnen und Lessen.

Lernbericht - Ich 9. Woche Datum: 11. November

Name: T. J. B.

Wie geht es dir? Als deine Lehrerin, dein Lehrer bin ich da, um dir zu helfen. Ich möchte deine Lernsituation natürlich verbessern! Daher bin ich an deiner Meinung sehr interessiert!

	JA	NEIN
Ich beantworte gerne Fragen.	X	
Ich gehe gerne in diese Klasse.	X	
Ich verstehe die Aufträge und kenne mich bei den Aufgaben aus.	X	
Ich sitze gerne auf meinem Platz.	X	
Ich bringe in der Klasse meine beste Leistung.		X
Ich mag Gruppenunterricht.		X
Ich mag gerne alleine arbeiten.	X	
Ich mag es, wenn die Lehrperson vorträgt.	X	

Der schlechteste Tag für Hausaufgaben ist für mich der Donnerstag.

Gib den Grund an: An diesem Tag habe ich Klavier

Die tollste Stunde bisher war: Ich habe alle Stunden gern

Ich mag ganz besonders: Rechnen

Ich habe eine Idee, die für uns alle wichtig ist: sehr viel schreiben

Lernbericht - Ich 10. Woche Datum: 20. November

Name: M.B.

Wie geht es dir? Als deine Lehrerin, dein Lehrer bin ich da, um dir zu helfen. Ich möchte deine Lernsituation natürlich verbessern! Daher bin ich an deiner Meinung sehr interessiert!

	JA	NEIN
Ich beantworte gerne Fragen.		X
Ich gehe gerne in diese Klasse.	X	
Ich verstehe die Aufträge und kenne mich bei den Aufgaben aus.	X	
Ich sitze gerne auf meinem Platz.		X
Ich bringe in der Klasse meine beste Leistung.	X	
Ich mag Gruppenunterricht.		X
Ich mag gerne alleine arbeiten.	X	
Ich mag es, wenn die Lehrperson vorträgt.	X	

Der schlechteste Tag für Hausaufgaben ist für mich der Donnarstag

Gib den Grund an: Weil ich da meistens den Wochenplan als aufgabe habe.

Die tollste Stunde bisher war: Als ich den Wochenplan in 2 Stunden geschaft habe.

Ich mag ganz besonders: Mathematig, Werken, Zeichnen

Ich habe eine Idee, die für uns alle wichtig ist: Einen Freund in der Klasse den man Fragen kann wenn man sich nicht auskennt.

Vorschau

Der Ausleseprozess ist noch nicht mit der schriftlichen Reflexion über die Lernprodukte beendet. Zur Verantwortung für das eigene Lernen gehören auch die Vorschau und die Planung der nächsten Schritte. Hier können die SchülerInnen die Entscheidung treffen, welche Arbeiten sie noch verbessern wollen, und sich eigene, **persönliche Lernziele** setzen. Die Lehrerin oder der Lehrer hat hier auch die Möglichkeit, Kinder mit denselben Interessen oder denselben Lerndefiziten dazu anzuregen, sich gemeinsame Ziele zu setzen und gemeinsam daran zu arbeiten.

Hilfestellung durch die Eltern

Wenn Eltern von den LehrerInnen über Lernziele und Unterrichtsarbeit auf dem Laufenden gehalten werden, fällt es ihnen leicht, ihre Kinder bei der Auswahl der Lernprodukte zu unterstützen. Sie sollten auch genügend informiert sein, um ihre Kinder daran zu erinnern, dass auch außerschulische Produkte das Erreichen eines Lernziels beweisen können. Besonders ehrgeizige Eltern sollten aber davor gewarnt werden, zu direkt in den Auswahlprozess einzugreifen. Oft ist es am besten, die Fragen der Kinder mit Gegenfragen zu beantworten.

Gute Fragen für Eltern:

- Was hältst du für deine beste Arbeit? Warum?
- Was hast du (dazu) gelernt?
- Welche Lernziele hast du mit dieser Arbeit erreicht?
- Woran merkst du, dass du das Lernziel erreicht hast?

LehrerInnen können den Eltern auch einen Brief schreiben, in dem sie die Eltern bitten, ihre Kinder bei der Portfolioarbeit zu Hause zu unterstützen. Im Folgenden finden Sie Beispiele von Roswitha Renezeder.

So geht's auch!

1. Klasse

Liebe Eltern!

Ihr Kind bekommt heute alle Hausübungsblätter im Gegenstand Mathematik, die es bis jetzt bearbeitet hat, mit nach Hause. (Auf jedem Arbeitsblatt befindet sich ein Haus!) Schauen Sie diese Blätter mit Ihrem Kind durch und wählen Sie gemeinsam die schönste, interessanteste Arbeit aus. Es würde mich freuen, wenn Sie auf der Rückseite des Blattes vermerken könnten, warum Sie diese Arbeit gewählt haben.
Geben Sie Ihrem Kind dieses eine Blatt wieder mit in die Schule.

Mit freundlichen Grüßen

Liebe Eltern!

Nach 7 Wochen Schulzeit kann Ihr Kind schon sehr viel lesen. Heute finden Sie in der Mappe viele Leseblätter. Bitte binden Sie sie mit Wolle, Band oder Kordel zu einem Buch zusammen.
Vorher entscheiden Sie mit Ihrem Kind, welches Leseblatt noch geübt werden muss (welches das schwerste ist). Dieses kommt in das „neue“ Lesebuch, es wird jetzt nicht dazugeheftet!
Im gebundenen Buch kennzeichnen Sie die Seite mit einem Stern, die Ihr Kind besonders gern und gut lesen kann. Ich lasse sie mir von jedem Schüler, jeder Schülerin vorlesen.

Mit freundlichen Grüßen

Liebe Eltern!

Auch im Sachunterricht haben wir große Fortschritte gemacht! Bitte binden Sie die Arbeitsblätter Ihres Kindes zusammen. Es würde mich freuen, wenn Sie diese noch einmal anschauen und mit Ihrem Kind bewerten. Kennzeichnen Sie die Arbeit mit einem Stern, die Ihrem Kind am besten gefällt. Ob es die schönste oder interessanteste ist oder ob es andere Gründe gibt, die Sie so entscheiden lassen, vermerken Sie bitte auf der Rückseite des Blattes. So können wir miteinander die Neigungen/Abneigungen und die Stärken/Schwächen Ihres Kindes herausfinden.

Mit freundlichen Grüßen

Die Auswahl der Auswahl: das Schulzeitportfolio

Manche LehrerInnen möchten nicht nur die Entwicklung der SchülerInnen während eines Schuljahres dokumentieren, sondern ein „Schulzeitportfolio" anlegen, das die Entwicklung des Kindes während der gesamten Grundschulzeit dokumentiert. Da das Portfolio neben schriftlichen und bildlichen Arbeiten auch Videos, Audiokassetten, Fotos, Poster und andere Darstellungsformen enthalten kann, ist es notwendig, aus den Jahresportfolios **repräsentative Arbeiten** für das Schulzeitportfolio auszuwählen, zum Beispiel die drei „besten" Arbeiten aus jedem Fach bzw. jedem Projekt. Diese Auswahl kann entweder allein vom Kind vorgenommen werden. Es ist aber genauso möglich, dass die Auswahl gemeinsam mit der Lehrperson und den Eltern durchgeführt wird. Auch hier sollten die Kinder angehalten werden, eine kurze Reflexion zu schreiben.

So geht's auch!

Ein Beispiel für ein Schulzeitportfolio, das sich auf ein Projekt beschränkt, das über die vier Grundschuljahre geführt wird, ist das **„Eiprojekt"** in der Volksschule Altenberg. Roswitha Renezeder beschreibt im Folgenden, wie sie dabei vorging:

Ich begann in einer ersten Schulstufe mit einem Projekt und bezog dabei natürlich die Wünsche und Interessen der Kinder dieser Altersstufe mit ein. Dazu sammelten die Kinder und ich Unterlagen (Bücher, Poster usw.) ... Folgende Themenbereiche wurden bearbeitet:

- Tiere, die Eier/keine Eier legen
- In welche Wohnungen legen die Tiere ihre Eier – Tiere, die die Eier in ein Nest legen
- Wir untersuchen ein rohes Ei
- Ein Kücken kommt zur Welt – das Kücken im Ei
- Das Kücken schlüpft
  Es ist Zeit zu schlüpfen – Wie sich ein Kücken im Ei fühlt, die erste Begegnung mit der Familie
- Der Bereich Kochen und Basteln wurde natürlich sofort genannt, er kam wegen organisatorischer Probleme (Betreuung der SchülerInnen) erst später hinzu.

Die SchülerInnen sammelten alle Arbeiten in einer Hängemappe, Schachtel bzw. notierten ihre Arbeitsergebnisse (Kommentare, Lernziellisten) und legten sie dazu ... Besonders wichtig sind Fotos, die Arbeiten dokumentieren, die nicht „aufbewahrt" werden können: Das Zubereiten der Speisen, der Vortrag vor den SchülerInnen, die in Gruppenarbeit erstellten Collagen, bestimmte handwerkliche Gegenstände ... Kassetten und Videos können die geleistete Unterrichtsarbeit ebenso dokumentieren.

In der zweiten Schulstufe fand anhand der Mappe eine Wiederholung statt. Die SchülerInnen interessierten sich für die alten, aber auch für die neuen Inhalte.

Zur Arbeit am neuen erweiterten Projekt verwendeten die SchülerInnen teilweise die Arbeitsergebnisse des Vorjahres, bearbeiteten aber auch völlig neue Inhalte. Die alten Lernziellisten werden erweitert, neue Lernziellisten werden erstellt.

Nach Abschluss des Projekts sortierten die SchülerInnen in ihre neue Mappe nun die für sie wichtigen/schönsten Arbeitsergebnisse des Vorjahres und ***alle*** Arbeitsergebnisse dieses Schuljahres. In der dritten/vierten Schulstufe wiederholt sich dieser Vorgang. Am Ende des vierten Schuljahres zeigt die Mappe einer jeden Schülerin, eines jeden Schülers das erreichte Wissen und Können eines Themenbereiches.

So geht's auch!

Auch in der Volksschule Schenkenfelden wurde ein Projekt in jedem Schuljahr wieder aufgegriffen:

Die SchülerInnen von Edith Steffan haben sich in allen Schulstufen mit dem eigenen Körper beschäftigt und Produkte ihrer Arbeit in einer **„Körpermappe"** gesammelt. Diese Mappe wurde in der ersten Schulstufe angelegt, in den weiteren Schulstufen ergänzt.

Dabei sollten folgende Ziele erreicht werden:

- Meinen Körper kennen.
- Körperteile richtig benennen.
- Körperteile am eigenen Körper richtig zeigen können.
- Funktionen der Körperteile wissen.
- Einen menschlichen Körper „bauen" können.

In diesem Zusammenhang wurden

- Übungen mit dem Körper gemacht,

- Klebeetiketten an den eigenen Körperteilen angebracht,
- Körperteile aus Karton ausgeschnitten und zu einem Körper zusammengesetzt sowie
- Körperteile beschriftet.

In der 4. Schulstufe wurden alle Produkte, die ein Kind erstellt hat, noch einmal von ihm durchgesehen, um die endgültige Auswahl für das gemeinsame „Körperbuch“ der ganzen Klasse zu treffen. Es sollte ein wirklich schönes Buch werden, sodass „aussortiert“ werden musste, wie ein Kind dies nannte. Im Folgenden ist die Auswahl eines Kindes zu sehen. Es wählte ein A3 Blatt, die anderen Seiten aus der ersten und zweiten Schulstufe wurden aussortiert.

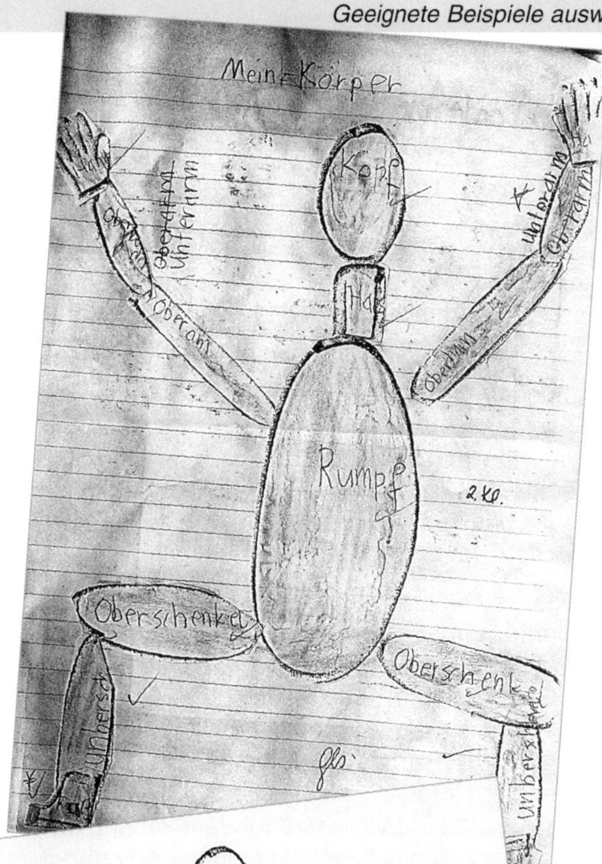

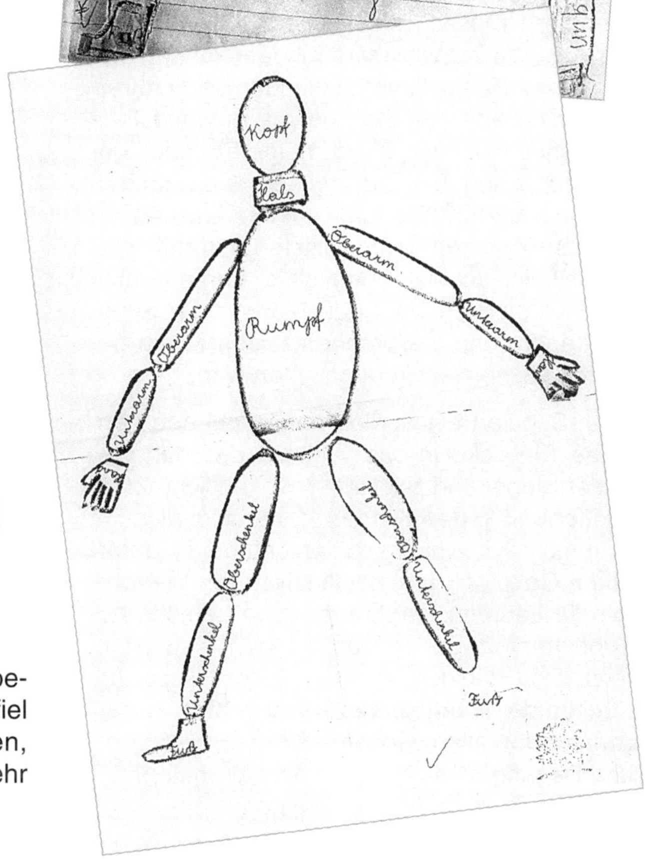

Es zeigte sich aber, dass die Bilder mit den Klebeetiketten für viele Kinder am wichtigsten waren. Es fiel auch auf, dass Fotos kaum aussortiert wurden, dagegen von den Kindern gestaltete Arbeitsblätter sehr wohl.

10. Wie führe ich Portfoliogespräche?

Zeit, die der Arbeit mit dem Portfolio gewidmet wird, ist gut investierte Zeit. Die Sammlung und Auswahl von Lernprodukten, die Reflexion über ihre Qualität und das Planen von neuen Lernzielen sind intellektuelle Fähigkeiten, die für einen erfolgreichen Lernprozess wichtig sind.

Die Beschäftigung mit dem Portfolio sollte immer mit einem Gespräch verbunden sein. Oft ist dieses Gespräch ein **innerer Dialog** zwischen dem Kind und seinen Lernprodukten, also seine Reflexion über sein Lernen. Aber häufiger werden andere zu diesem Gespräch hinzugezogen.

Die wichtigsten Gespräche finden zwischen LehrerIn und SchülerIn statt. Zu Beginn sollte die Lehrperson jeweils nur **mit einem Kind** das Gespräch führen. Erst wenn die Kinder schon sehr viele Erfahrungen mit Portfolio gesammelt haben, kann das Gespräch auch mit kleinen **Schülergruppen** geführt werden. Bei jungen SchülerInnen müssen diese Gespräche häufiger sein. Bei sehr „portfolioerfahrenen" Kindern können diese Gespräche natürlich seltener stattfinden. Die LehrerInnen sollten sich aber die Zeit nehmen, wenigstens einmal im Monat mit allen Kindern ihr Portfolio gemeinsam durchzuschauen. In diesen Gesprächen werden die „reflektierten" Produkte auf ihre Qualität hin betrachtet, das Erreichen der Lernziele überprüft, persönliche Lernziele gesetzt, innovative Lernprodukte besprochen, die möglichst auf den Stärken der SchülerInnen aufbauen, und Gespräche mit den Eltern geplant, wenn es als notwendig angesehen wird.

Das LehrerIn-SchülerIn-Gespräch ermöglicht den LehrerInnen tiefe Einblicke in das Weltbild und das Gefühlsleben der Kinder und zeigt ihnen wesentliche Züge der **Persönlichkeit jedes Kindes**. Dies sind wichtige Voraussetzungen für einen schülerzentrierten Unterricht. Mit dem Gespräch und der Analyse der Lernprodukte kann die Lehrerin, der Lehrer auch Lernschwierigkeiten und hervorragende Begabungen feststellen. Nicht zuletzt dient der gemeinsame Rückblick auf die Schülerarbeiten der **Analyse des Unterrichts**:

- Was wurde von allen verstanden?
- Welche Begriffe muss ich noch einmal erklären?
- Wem muss ich noch direkte Hilfe geben?
- Gibt es Gruppen von SchülerInnen, die dieselben Fehler machen und mit denen ich arbeiten muss?
- Gibt es Interessen und Begabungen mancher SchülerInnen, die den Unterrichtsstoff interessanter machen könnten?
- Sollte ich diese SchülerInnen anregen in diesem Projekt zusammenzuarbeiten?

Portfoliogespräche der SchülerInnen miteinander sind wunderbare Gelegenheiten zum vertieften Lernen und Verstehen. Beim Durchschauen der Arbeiten von SchulkameradInnen wird vielen Kindern zum ersten Mal bewusst, dass sich die Welt jedem Kind etwas anders darbietet und dass es nicht eine, sondern viele Wahrheiten gibt, je nach der Perspektive des Beobachters, der Beobachterin. Sie lernen gleichzeitig, dass die Gemeinschaft **Qualitätskriterien** setzen und dass man mit diesen Kriterien Lernprodukte einstufen kann. Mit genügend Zeit zum Üben sind die SchülerInnen in der Lage, nicht nur ihre eigenen Produkte zu beurteilen, sondern auch die ihrer KameradInnen. Die Beurteilung der Portfolioinhalte durch von den Kindern ausgewählte SchulkameradInnen kann den SchülerInnen neue Rückmeldungen und damit Einsichten in ihre **Lernprozesse** bringen.

Damit SchülerInnen sich für ihr eigenes Lernen verantwortlich fühlen können, müssen sie wissen, dass sie die nötige Unterstützung von Seiten der Schule und des Elternhauses haben. Oft fühlen sich Eltern bei herkömmlicher Beurteilung überfordert, diese Unterstützung zu geben, wenn aus den Noten der Schularbeiten und der Zeugnisse zwar hervorgeht, ***dass*** sie ihrem Kind helfen müssen, aber nicht ***wie***. Selbst Elternbesprechungen sind in diesem Bezug nicht sehr hilfreich, wenn sie sich nicht auf konkrete Daten stützen können und Arbeitsstrategien ausgearbeitet werden. Dies trifft ganz besonders auf Elternbesprechungen im Rahmen des kürzlich in Österreich eingeführten „Frühwarnsystems" zur Vermeidung negativer Noten im Zeugnis zu. Bei diesen reicht es auch nicht aus, bloß auf die schwachen Leistungen hinzuweisen, sondern es ist notwendig, gemeinsam mit dem Kind und den Eltern einen Förderplan zu erstellen. Dieser soll Klarheit schaffen, was das Kind noch zu lernen hat und wie es das bewältigen kann.

Das Portfolio ist hier besonders hilfreich, denn es erlaubt den Eltern, systematisch, kontinuierlich und in verschiedenen Rollen (RückmelderIn, FragenstellerIn, ErmunterIn ...) an der schulischen Entwicklung ihres Kindes teilzunehmen.

Viele SchülerInnen bitten ihre Eltern bei der Entscheidung um Rat, welche Arbeit sie in ihre Mappe legen sollen. Indem die Eltern der Argumentation ihres Kindes über die Qualität der einzelnen Produkte **zuhören** und ihm **Fragen stellen**, können sie ihm helfen, sich seines eigenen Lernfortschritts bewusster zu werden und Entscheidungen nach klaren Kriterien zu fällen. Diese Kriterien sind in den Bewertungsrastern festgelegt. Wie Bewertungsraster aussehen und wie sie erstellt werden, können Sie im Kapitel 11 lesen.

Damit Eltern in diesem Sinn mit ihrem Kind arbeiten können, müssen die Bewertungsraster und die Arbeit mit ihnen auch den Eltern vorgestellt werden. Dazu eignen sich besonders Klassenelternabende. Wenn es schwierig ist, die Eltern vollzählig in die Schule zu bringen, kann es auch durch entsprechende **„Aufklärungsbriefe"** an die Eltern geschehen.

Die Bewertungsraster steuern nicht nur die Unterrichtsarbeit der Lehrerin oder des Lehrers und das Lernen der Kinder, sondern helfen auch, die Eltern als unterstützende Ressourcen für das Lernen der Kinder besser einzubinden und sie umfassender über die Lern-Arbeit in der Schule zu informieren. Die Bewertungsraster dienen sowohl als **Gesprächsgrundlage** für die LehrerIn-SchülerIn-Gespräche und die Eltern-LehrerIn-Konferenz als auch für die Gespräche der Eltern mit ihrem Kind.

Eltern sollten nicht nur von ihrem Kind das Portfolio regelmäßig **vorgestellt** bekommen, sondern zumindest einmal im Semester die Gelegenheit haben, mit dem Lehrer, der Lehrerin das Portfolio ihres Kindes zu besprechen. Sie sollten dabei auch erfahren, wie durch diese Form der Beurteilung ihr Kind zum „aktiven Lerner", zur „aktiven Lernerin" wird. Sollten solche Gespräche nicht möglich sein, sollte das Portfolio den Eltern zumindest mit einem erklärenden Brief der Lehrerin, des Lehrers nach Hause gesandt werden. Dabei können die Eltern auch aufgefordert werden, ihre Eindrücke über die Arbeit ihres Kindes in einem beigelegten **Fragebogen** auszudrücken.

Eltern können auch ihre **eigenen Beobachtungen** und Reflexionen mit der Zustimmung ihres Kindes in die Mappe einlegen. So stellen sie während des Schuljahrs eine Kommunikation mit den LehrerInnen her. Dies kann den LehrerInnen helfen, bei den Portfoliogesprächen Vorschläge zu machen, wie die Eltern ihrem Kind bei seinen Hausaufgaben helfen können.

So geht's auch!

Liebe Eltern!

Bitte sehen Sie die gesammelten Blätter in der Frühlingsmappe Ihres Kindes durch. Dies ist eine Gelegenheit, mit Ihrem Kind ein Gespräch über das Gelernte und Erarbeitete zu führen. Bitte füllen Sie anschließend oder während des Gesprächs diese Zeilen aus und geben Sie dieses Blatt Ihrem Kind wieder mit.

Name des Kindes: ______________________ Datum: ____________________

Ich/wir habe/n die Frühlingsmappe durchgesehen und mit meinem/unserem Kind über folgende Seiten gesprochen:

Ich/wir habe/n Fragen betreffend:

Gibt es Fragen an mich, die Lehrerin?

Sonstiges:

Unterschrift: ____________________________

Liebe Eltern!

Sofern Ihr Kind die Frühlingsmappe der 1. Klasse aufbewahrt hat, haben wir die Arbeiten der letzten Wochen (Zeitraum FRÜHLING: März bis Mai) dazugehängt. Andernfalls haben wir in der regulären Ringmappe eine Abteilung „Frühling" geschaffen.
Bitte sehen Sie die Mappe so wie letztes Jahr mit Ihrem Kind durch, nützen Sie die Gelegenheit über den Unterricht, das Gelernte ... zu sprechen.
Eventuelle Fragen, Bemerkungen usw. notieren Sie bitte hier:

Datum: ______________________ Unterschrift: ______________________

Diese schriftliche LehrerIn-Eltern-SchülerIn-Kommunikation ist auch eine gute Vorbereitung für **Elternbesprechungen**. Durch die gemeinsame Kenntnis der Schülerportfolios haben Eltern und LehrerInnen eine Gesprächsbasis, die es ihnen erlaubt, wesentliche Punkte herauszugreifen und konstruktiv gemeinsame Handlungsrahmen zu erstellen.

In vielen Schulen haben sich nach Einführung der Portfoliobeurteilung die Elternsprechtage verändert. SchülerInnen übernehmen dort die Hauptrolle in der Darstellung ihrer Lernfortschritte. Anhand des Portfolios beschreiben sie ihre Lernziele und wie sie sie erreicht haben. LehrerInnen, Eltern und SchülerInnen können dann gemeinsam **Arbeitspläne** für die nächsten Lernziele ausarbeiten. Hier können auch die Ressourcen und Fertigkeiten der Eltern entdeckt und eingebunden werden, die sie ihrem eigenen Kind oder auch der ganzen Klasse zur Verfügung stellen können.

11. Wie werden Bewertungsraster entwickelt?

Ein wichtiger Inhalt der Portfoliogespräche sind die Rückmeldungen über die Qualität des Lernprozesses und der Lernergebnisse. Die Bewertungsraster bieten die Grundlage für diese **gemeinsame Reflexion**. Sie sollen den Kindern helfen, ihre eigenen Lernleistungen, wie sie sich in den Inhalten eines Portfolios darstellen, selbstständig einzuschätzen. Sie werden daher auch Beurteilungsraster genannt. Wir ziehen aber den Begriff „Bewertungsraster" vor, weil viele bei Beurteilung an Ziffernnoten denken und Portfolios häufig nicht mit Noten beurteilt werden.

Raster sind nichts anderes als eine Kriterienliste mit einer Bewertungsskala, also eine Tabelle bzw. eine Matrix.
Als **Kriterien** können

- die Lernziele, die die SchülerInnen erreichen sollen,
- Einzelleistungen, aus denen sich eine komplexe Leistung zusammensetzt,
- die für eine bestimmte Leistung notwendigen Denk- bzw. Arbeitsschritte,
- verschiedene Aspekte eines günstigen Arbeitsverhaltens u. a. m.

angegeben werden. Sie sehen schon, ein guter Bewertungsraster ist für eine bestimmte Leistung maßgeschneidert. Trotzdem sind sie in ihrer Grundstruktur ähnlich und lassen sich daher schnell an neue Lernbereiche bzw. Leistungen anpassen.

So geht's auch!

Siehe Kopiervorlagen 25 und 26

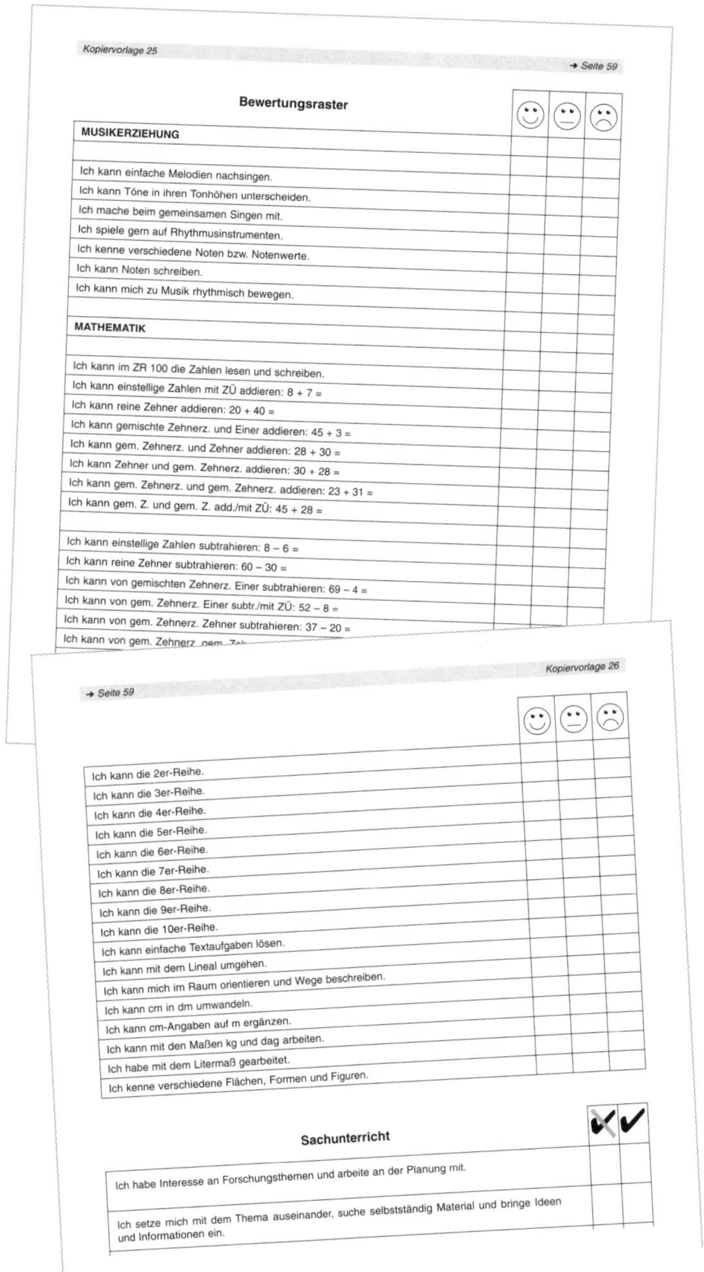

Kopiervorlage 25 → Seite 59

Bewertungsraster

	☺	😐	☹
MUSIKERZIEHUNG			
Ich kann einfache Melodien nachsingen.			
Ich kann Töne in ihren Tonhöhen unterscheiden.			
Ich mache beim gemeinsamen Singen mit.			
Ich spiele gern auf Rhythmusinstrumenten.			
Ich kenne verschiedene Noten bzw. Notenwerte.			
Ich kann Noten schreiben.			
Ich kann mich zu Musik rhythmisch bewegen.			
MATHEMATIK			
Ich kann im ZR 100 die Zahlen lesen und schreiben.			
Ich kann einstellige Zahlen mit ZÜ addieren: 8 + 7 =			
Ich kann reine Zehner addieren: 20 + 40 =			
Ich kann gemischte Zehnerz. und Einer addieren: 45 + 3 =			
Ich kann gem. Zehnerz. und Zehner addieren: 28 + 30 =			
Ich kann Zehner und gem. Zehnerz. addieren: 30 + 28 =			
Ich kann gem. Zehnerz. und gem. Zehnerz. addieren: 23 + 31 =			
Ich kann gem. Z. und gem. Z. add./mit ZÜ: 45 + 28 =			
Ich kann einstellige Zahlen subtrahieren: 8 – 6 =			
Ich kann reine Zehner subtrahieren: 60 – 30 =			
Ich kann von gemischten Zehnerz. Einer subtrahieren: 69 – 4 =			
Ich kann von gem. Zehnerz. Einer subtr./mit ZÜ: 52 – 8 =			
Ich kann von gem. Zehnerz. Zehner subtrahieren: 37 – 20 =			
Ich kann von gem. Zehnerz. ...			

→ Seite 59 Kopiervorlage 26

	☺	😐	☹
Ich kann die 2er-Reihe.			
Ich kann die 3er-Reihe.			
Ich kann die 4er-Reihe.			
Ich kann die 5er-Reihe.			
Ich kann die 6er-Reihe.			
Ich kann die 7er-Reihe.			
Ich kann die 8er-Reihe.			
Ich kann die 9er-Reihe.			
Ich kann die 10er-Reihe.			
Ich kann einfache Textaufgaben lösen.			
Ich kann mit dem Lineal umgehen.			
Ich kann mich im Raum orientieren und Wege beschreiben.			
Ich kann cm in dm umwandeln.			
Ich kann cm-Angaben auf m ergänzen.			
Ich kann mit den Maßen kg und dag arbeiten.			
Ich habe mit dem Litermaß gearbeitet.			
Ich kenne verschiedene Flächen, Formen und Figuren.			

Sachunterricht	✗	✓
Ich habe Interesse an Forschungsthemen und arbeite an der Planung mit.		
Ich setze mich mit dem Thema auseinander, suche selbstständig Material und bringe Ideen und Informationen ein.		

Die einfachste Form der Bewertungsskala ist zweistufig, wie „Kriterium erfüllt“ und „nicht erfüllt“. Eine solche Einschätzung ist aber oft zu grob. Mehrstufige Skalen differenzieren genauer. Meist kommt man mit dreistufigen Skalen aus, wie „hervorragend – bewältigt – nicht bewältigt“ oder wie der Smily-Raster für fächerübergreifende Projekte von Brigitte Loidl.

So geht's auch!

Siehe Kopiervorlage 11

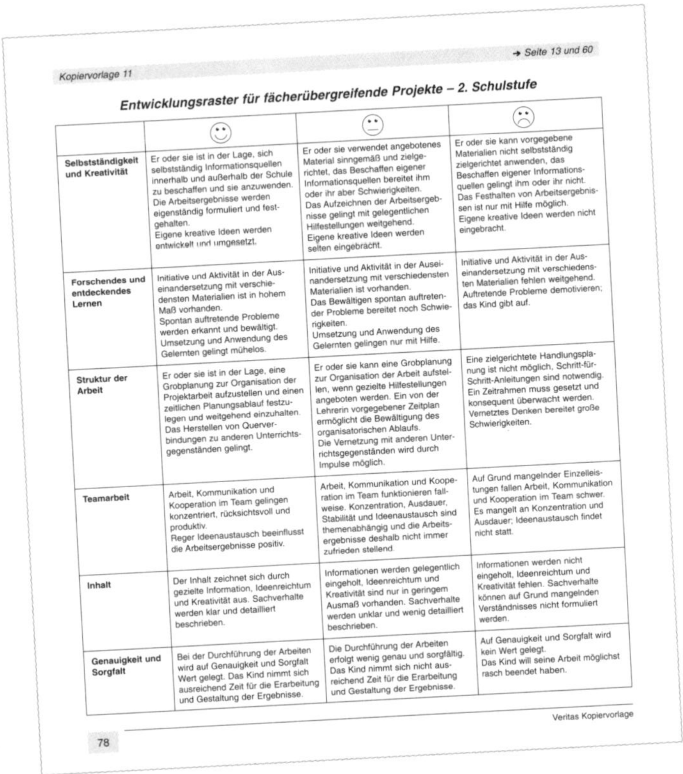

Kopiervorlage 11

→ Seite 13 und 60

Entwicklungsraster für fächerübergreifende Projekte – 2. Schulstufe

	☺	😐	☹
Selbstständigkeit und Kreativität	Er oder sie ist in der Lage, sich selbstständig Informationsquellen innerhalb und außerhalb der Schule zu beschaffen und sie anzuwenden. Die Arbeitsergebnisse werden eigenständig formuliert und festgehalten. Eigene kreative Ideen werden entwickelt und umgesetzt.	Er oder sie verwendet angebotenes Material sinngemäß und zielgerichtet, das Beschaffen eigener Informationsquellen bereitet ihm oder ihr aber Schwierigkeiten. Das Aufzeichnen der Arbeitsergebnisse gelingt mit gelegentlichen Hilfestellungen weitgehend. Eigene kreative Ideen werden selten eingebracht.	Er oder sie kann vorgegebene Materialien nicht selbstständig zielgerichtet anwenden, das Beschaffen eigener Informationsquellen gelingt ihm oder ihr nicht. Das Festhalten von Arbeitsergebnissen ist nur mit Hilfe möglich. Eigene kreative Ideen werden nicht eingebracht.
Forschendes und entdeckendes Lernen	Initiative und Aktivität in der Auseinandersetzung mit verschiedensten Materialien ist in hohem Maß vorhanden. Spontan auftretende Probleme werden erkannt und bewältigt. Umsetzung und Anwendung des Gelernten gelingt mühelos.	Initiative und Aktivität in der Auseinandersetzung mit verschiedensten Materialien ist vorhanden. Das Bewältigen spontan auftretender Probleme bereitet noch Schwierigkeiten. Umsetzung und Anwendung des Gelernten gelingen nur mit Hilfe.	Initiative und Aktivität in der Auseinandersetzung mit verschiedensten Materialien fehlen weitgehend. Auftretende Probleme demotivieren; das Kind gibt auf.
Struktur der Arbeit	Er oder sie ist in der Lage, eine Grobplanung zur Organisation der Projektarbeit aufzustellen und einen zeitlichen Planungsablauf festzulegen und weitgehend einzuhalten. Das Herstellen von Querverbindungen zu anderen Unterrichtsgegenständen gelingt.	Er oder sie kann eine Grobplanung zur Organisation der Arbeit aufstellen, wenn gezielte Hilfestellungen angeboten werden. Ein von der Lehrerin vorgegebener Zeitplan ermöglicht die Bewältigung des organisatorischen Ablaufs. Die Vernetzung mit anderen Unterrichtsgegenständen wird durch Impulse möglich.	Eine zielgerichtete Handlungsplanung ist nicht möglich, Schritt-für-Schritt-Anleitungen sind notwendig. Ein Zeitrahmen muss gesetzt und konsequent überwacht werden. Vernetztes Denken bereitet große Schwierigkeiten.
Teamarbeit	Arbeit, Kommunikation und Kooperation im Team gelingen konzentriert, rücksichtsvoll und produktiv. Reger Ideenaustausch beeinflusst die Arbeitsergebnisse positiv.	Arbeit, Kommunikation und Kooperation im Team funktionieren fallweise. Konzentration, Ausdauer, Stabilität und Ideenaustausch sind themenabhängig und die Arbeitsergebnisse deshalb nicht immer zufrieden stellend.	Auf Grund mangelnder Einzelleistungen fallen Arbeit, Kommunikation und Kooperation im Team schwer. Es mangelt an Konzentration und Ausdauer; Ideenaustausch findet nicht statt.
Inhalt	Der Inhalt zeichnet sich durch gezielte Information, Ideenreichtum und Kreativität aus. Sachverhalte werden klar und detailliert beschrieben.	Informationen werden gelegentlich eingeholt, Ideenreichtum und Kreativität sind nur in geringem Ausmaß vorhanden. Sachverhalte werden unklar und wenig detailliert beschrieben.	Informationen werden nicht eingeholt, Ideenreichtum und Kreativität fehlen. Sachverhalte können auf Grund mangelnden Verständnisses nicht formuliert werden.
Genauigkeit und Sorgfalt	Bei der Durchführung der Arbeiten wird auf Genauigkeit und Sorgfalt Wert gelegt. Das Kind nimmt sich ausreichend Zeit für die Erarbeitung und Gestaltung der Ergebnisse.	Die Durchführung der Arbeiten erfolgt wenig genau und sorgfältig. Das Kind nimmt sich nicht ausreichend Zeit für die Erarbeitung und Gestaltung der Ergebnisse.	Auf Genauigkeit und Sorgfalt wird kein Wert gelegt. Das Kind will seine Arbeit möglichst rasch beendet haben.

Veritas Kopiervorlage

78

Eine angemessene Selbstreflexions- und -einschätzungsfähigkeit gehört zu den **Schlüsselqualifikationen**, die immer häufiger als Ziel schulischen Unterrichts in den Lehrplänen Eingang finden. Sie sind aber mit den herkömmlichen Leistungsfeststellungs- und -beurteilungsverfahren schwierig zu erfassen. In Bezug auf diese Schlüsselqualifikationen erfüllen die Bewertungsraster eine doppelte Funktion. Einerseits sind sie ein Mittel, mit dem Kinder Selbstreflexion oder – einfacher gesagt – Nachdenken lernen können, andererseits stellen sie eine angemessene Beurteilungsform dieser Lernleistung dar.

Werden Portfolios zur Leistungsfeststellung verwendet und sollen daher mit Ziffernnoten beurteilt werden, bietet sich bei einer fünfstufigen Notenskala auch eine fünfstufige Bewertungsskala an.

Die hier beschriebenen Bewertungsraster regen einen analytischen Bewertungsvorgang an, deshalb werden sie auch **analytische Bewertungsraster** genannt. Daneben gibt es noch **ganzheitliche.** Hier erfolgt die Bewertung des gesamten Portfolioinhaltes in einem und nicht, indem das Gesamtprodukt in Einzelleistungen aufgeteilt wird, die gesondert bewertet werden. Mit ganzheitlichen Rastern wird eingeschätzt, in welchem Ausmaß allgemeine Fähigkeiten und Fertigkeiten eingesetzt wurden.

Bewertungsraster werden nur dann das Lernverhalten der SchülerInnen wirksam steuern, wenn diesen die Handhabung bei der Einführung genau erklärt wird. Wichtig ist, dass dies bereits zu Beginn des Unterrichtsabschnittes geschieht, in dem der Raster verwendet werden soll. Je öfter die Kinder den Bewertungsraster benutzen, desto effektiver werden sie damit ihr Lernen steuern können.

Besonders günstig ist es, die Bewertungsraster gemeinsam mit den SchülerInnen zu entwickeln. Damit wird einerseits das beste Verständnis bei den SchülerInnen erreicht, andererseits ist die Fähigkeit zur Entwicklung solcher Raster Ausdruck selbstständigen Lernverhaltens und damit ein wichtiges Ziel im Bereich der Schlüsselqualifikationen.

Wie können solche Bewertungsraster allein, im LehrerInnenteam oder gemeinsam mit den Kindern erarbeitet werden?

Folgende Arbeitsschritte haben sich bewährt:

Festlegung der Lernziele und Inhalte

Dieser erste Schritt ist bereits für die Planung des Unterrichtes notwendig und damit kein eigener Arbeitsschritt für die Erarbeitung der Raster (siehe Kapitel 8).
Je genauer und konkreter die Ziele beschrieben werden, umso leichter wird es sein, entsprechende Kriterien oder Indikatoren für den Bewertungsraster zu finden.

Entwicklung eines Bewertungsmaßstabes

Hinweise, wie die Lernleistung bewertet werden soll, finden sich zum Teil in den Lehrplänen in Aussagen über die Qualität der Leistung. Gerade im Grundschulunterricht kann das angestrebte Ziel nicht die beste Leistung sein, weil dazu oft viele Jahre notwendig sind. Bis ein Kind ein kompetenter Leser, eine kompetente Leserin ist, sind viel Leseunterricht und Lesen vieler unterschiedlicher Texte notwendig. Hier finden sich daher im Lehrplan im Sinne von Leistungsstandards Aussagen, wie gut ein Kind zum Beispiel am Ende der Grundstufe I lesen können soll:

Lesen

Bei der Unterrichtsarbeit ist anzustreben, dass die Schüler bis zum Ende der 2. Schulstufe

- eine möglichst anhaltende Lesemotivation entwickelt haben;
- in der Lage sind, altersgemäße Texte in gemischter Antiqua geläufig zu lesen;
- den Sinn dieser Texte erfassen können;
- sich mit Texten in einfacher Weise auseinander setzen können.

(BMUK, Lehrplan der österr. Volksschule)

Neben Lehrplanaussagen wird die Lehrperson aber auch ihre Erfahrungen aus dem Unterricht vieler Klassen heranziehen können. Wie haben die jeweils besten LeserInnen am Ende der Grundstufe I gelesen? Je jünger die Kinder sind, die mit einem solchen Raster arbeiten sollen, desto einfacher muss er sein. In diesem Fall genügt eine zweistufige Skala („ja – nein", „beobachtbar – nicht beobachtbar"), die symbolisch dargestellt ist.

Überprüfen, ob vorhandene Raster passen

Einmal für einen bestimmten Zweck entwickelte Raster können immer wieder für ähnliche Lernprodukte herangezogen werden oder erfordern nur eine Adaption. Das Rad muss nicht immer neu erfunden werden! Auch in Publikationen – wie dieser – finden Sie Anregungen oder Modelle, die Sie übernehmen können.

Festlegung des endgültigen Bewertungsrasters

Bevor die Kriterien und die Bewertungsskala endgültig festgelegt werden können, sollten Sie überlegen, wie unterschiedlich und vielfältig die Lernprodukte und Lernwege sein werden, die zeigen, dass die SchülerInnen die festgelegten Ziele beherrschen. Die Stärke der Portfoliobeurteilung liegt ja gerade darin, dass auch bei völlig offener individueller Arbeitsweise im Unterricht die Lernleistung jedes einzelnen Kindes angemessen und gerecht erfasst und bewertet wird. Die Kriterien müssen daher so formuliert werden, dass sie dieser Unterschiedlichkeit gerecht werden, ohne nichts sagend zu sein. Für die Verwendung durch die Kinder ist es hilfreich, wenn bei jedem Kriterium eine Beschreibung des Produktes für jede Bewertungsstufe vorhanden ist. Bei Kindern der ersten Klasse sollten nur sehr einfache Raster, die Piktogramme bzw. Symbole enthalten, verwendet werden.

Unabhängig davon, ob diese Raster von der Lehrperson allein, im LehrerInnenteam oder wünschenswerterweise gemeinsam mit den Kindern entwickelt werden, ist durch die Erstellung des Rasters gleichzeitig weitere **Unterrichtsplanungsarbeit** geschehen. Auf Grund der Überlegungen zum Raster und auf Grund der getroffenen Festlegungen sind Vorentscheidungen über den zu gestaltenden Unterricht bereits gefällt worden. Der Unterricht muss ja so gestaltet werden, dass die vielfältigen Produkte entstehen können, dass Zeit für individuelle Arbeit und für die LehrerIn-SchülerIn-Gespräche zum Portfolioinhalt vorgesehen ist.

Werden die Kinder in die Entwicklung des Rasters miteinbezogen, bedarf es nur mehr Vereinbarungen mit den Kindern, wie mit den Rastern zu arbeiten ist. Wenn sie die Lehrpersonen allein entwickelt haben, ist es notwendig, den Kindern den Raster vorzustellen. Dies geschieht am besten dann, wenn mit den Kindern die Ziele und Inhalte des Lernbereiches und die Lernprodukte, die dabei entstehen können, besprochen werden.

12. Können Portfolios auch mit Noten beurteilt werden?

Die ursprüngliche Intention der Personen, die die Portfoliobeurteilung entwickelt haben, war, eine Alternative zur Ziffernbeurteilung zu schaffen. Gegenwärtig kann man aber beobachten, dass in vielen Schulen Portfolios nicht nur als alternative Form der Leistungsbeurteilung, sondern als **spezifische Form der Leistungsfeststellung** eingesetzt werden, die mit den herkömmlichen Ziffernnoten beurteilt werden. In Österreich nennt die Verordnung zur Leistungsbeurteilung fünf Formen der Leistungsfeststellung, die als Grundlage für die Beurteilung erlaubt sind:

- Beobachtung der Mitarbeit
- mündliche Leistungsfeststellungen
- schriftliche Leistungsfeststellungen, dazu zählen die Schularbeiten
- praktische Leistungsfeststellungen
- grafische Leistungsfeststellungen

Portfolios können im Rahmen der **Beobachtung** der Mitarbeit der SchülerInnen verwendet werden. In diesem Fall können LehrerInnen die Portfolios legitim ohne zusätzliche (Schulversuchs-)Genehmigung einsetzen. In dieser Art können Portfolios in allen Unterrichtsgegenständen als eine spezifische Form der Leistungsfeststellung verwendet werden. Eine andere Möglichkeit ist, im Rahmen eines Schulversuches die Schularbeiten auf der vierten Schulstufe der Grundschule durch Portfolioarbeit zu ersetzen. In Oberösterreich wird zunehmend von dieser Möglichkeit Gebrauch gemacht.

Wenn LehrerInnen Portfolios zur Leistungsfeststellung einsetzen, müssen sie die Beurteilungsraster so gestalten, dass den SchülerInnen deutlich wird, welche Kriterien für welche Noten erfüllt werden müssen. Zwei- oder dreistufige Raster sind in diesem Fall nicht zielführend. Die Raster sollten jedenfalls gleich viele **Qualitätsstufen** aufweisen wie die Notenskala, mit der die SchülerInnen beurteilt werden.

Besonders angemessen sind Portfolios, wenn LehrerInnen **zielerreichendes Lernen** anstreben. Dadurch ist gewährleistet, dass möglichst alle SchülerInnen die wesentlichen Unterrichtsziele erreichen.

Portfolios eignen sich für die Leistungsfeststellung besonders gut, weil

- sie die Arbeit des gesamten Jahres und nicht nur isolierte Prüfungsergebnisse mit einbeziehen,
- sie die jeweiligen Unterrichtsziele mit repräsentativen Aufgaben erfassen und dadurch die Leistungsfeststellungen inhaltsreicher werden,
- SchülerInnen die Möglichkeit haben, ihre persönlichen Stärken besser einzubringen,
- sie Fremdbeurteilung mit Selbstbeurteilung kombinieren,
- sie für alle Betroffenen transparent sind.

Damit werden die Probleme hinsichtlich Objektivität, Zuverlässigkeit und Gültigkeit, die bei der traditionellen Leistungsfeststellung und -beurteilung nachgewiesen wurden, verringert.

Aussagen von SchülerInnen der VS Bad Ischl über ihre ersten Erfahrungen mit Noten und Portfolio:

Häufige Bedenken

Sie sind eine aufgeschlossene Lehrerin, ein aufgeschlossener Lehrer, Portfolios scheinen Ihnen eigentlich interessant, aber …
Mit Ihren Bedenken stehen Sie nicht alleine. Aus vielen Gesprächen kennen wir Fragen, die häufig auftauchen. Diese und die entsprechenden Antworten finden Sie im Folgenden. Bei weiteren Fragen können Sie sich gerne an die Mitglieder des Teams oder uns Autorinnen wenden (Adressen siehe S. 4f). Oder Sie klinken sich ins *Portfolio-Netzwerk* ein (siehe S. 5f).

! *Meine Arbeitstage sind schon jetzt angefüllt. Ich möchte zwar Portfolios gerne einführen, weil ich mich bemühe, meinen Unterricht so weit wie möglich zu differenzieren. Ich kann mir aber nicht noch mehr Arbeit auflasten!*

Jede Veränderung im eigenen Unterricht erfordert anfänglich meist mehr Vorbereitungsaufwand. Da Sie aber bereits den Unterricht so gestalten, dass Portfolios keine wesentliche Veränderung Ihres Unterrichts erfordern, wird dies wenig Einfluss auf die eigentliche **Vorbereitungszeit** haben. Die meisten **Arbeitsschritte**, wie Erstellen der Mappe, Entwicklung der Bewertungsraster, Portfoliogespräche können Sie gemeinsam mit Ihren SchülerInnen in der Unterrichtszeit durchführen. Die Planung dieser Maßnahmen und die vorbereitenden Gespräche werden aber vor allem beim ersten Versuch zusätzliche Zeit beanspruchen.

! *Ich kann mir nicht vorstellen, dass ich in meinem Unterricht noch die Zeit für die Portfolioarbeit der Kinder finde, wenn ich den Lehrplan erfüllen soll!*

Der österreichische Lehrplan für die Grundschulen ist ein **Rahmenlehrplan**, der den LehrerInnen viel Freiheit lässt, sich für wesentliche Unterrichtsinhalte zu entscheiden. Wir empfehlen Ihnen, sich den Lehrplan einmal insgesamt anzuschauen und sich in jedem Fachbereich die wichtigsten Ziele und Inhalte für alle vier Jahre zusammenzustellen. Stellen Sie sich bitte die Frage: „Was sollen meine SchülerInnen wirklich am Ende der vierten Schulstufe wissen, können und verstehen?" Ein gefestigtes Wissen und tiefes Verständnis einiger wesentlicher Bereiche erscheint uns wichtiger als oberflächliches Faktenwissen, das bald wieder vergessen wird. Durch die Arbeit mit den Portfolios **konzentrieren** sich die Kinder selbst auch mehr **auf das Wesentliche**. Die Lerninhalte erhalten eine persönliche Bedeutsamkeit und sind dadurch besser gefestigt.

! *Viele Eltern meiner Klasse möchten, dass die Kinder Schularbeiten schreiben, denn dadurch können sie sich am besten auf die Anforderungen der weiterführenden Schulen vorbereiten.*

Die Erfahrung vieler SchülerInnen, die aus reformpädagogischen Grundschulen (Montessori, Freinet) in reguläre Hauptschulen oder Gymnasien übertreten, zeigt uns, dass ihre Leistungen unter den neuen Arbeitsbedingungen zumindest gleich gut bleiben, weil ihnen ihre **Fähigkeit zum selbstständigen Arbeiten** auch in der neuen Situation hilft. Die Arbeit mit Portfolios gibt den SchülerInnen noch den zusätzlichen Vorteil, dass sie die Qualität ihrer eigenen Arbeit gut einschätzen können, dass sie sich ihrer Stärken und Schwächen sehr bewusst sind und dass sie **Strategien gelernt** haben, ihre Stärken bewusst zum Lernen komplexer Inhalte einzusetzen.

! *Wenn jedes Kind an anderen Lernprodukten arbeiten kann, haben alle Kinder in der Klasse einen unterschiedlichen Wissensstand. Wie können wir dann noch zu einem gemeinsamen Arbeiten kommen?*

Die Kinder arbeiten zwar an verschiedenen Lernprodukten, verfolgen aber dabei in der Regel dieselben Lernziele. Die Vielfalt der Produkte und der persönlichen Lernwege ermöglicht ihnen sogar, die angestrebten grundlegenden Erkenntnisse, Einsichten und Fähigkeiten noch klarer zu erkennen. Der **individuelle Lernzugang** entsprechend ihren eigenen Interessen und Vorlieben ist eine stärkere Lernmotivation.

! *Meine SchülerInnen lernen nur das, was ich ihnen vorgebe. Ich kann mir nicht vorstellen, dass sie sich freiwillig eigene Aufgaben stellen und ihre eigenen Leistungen auch beurteilen können.*

Dieses Verhalten Ihrer Kinder ist sinnvoll in einem Unterricht mit vielen Vorgaben, da die Verantwortung und Initiative für das Lernen dabei in der Regel bei Ihnen liegt. Die Einführung von Portfolio erfordert von den SchülerInnen eine **Neuorientierung**, da nun ein großer

Teil der Verantwortung für ihr Lernen bei ihnen selbst liegt. Dies erfordert Zeit und eine spezielle Strategie. In diesem Buch zeigen wir Ihnen erprobte Maßnahmen.

Um gerecht zu beurteilen, muss man die Leistungen der Kinder miteinander vergleichen. Eltern verlangen das auch von mir.

Ist es gerecht, Leistungen miteinander zu vergleichen, die bei sehr unterschiedlichen Voraussetzungen – wie Vorkenntnisse, Arbeitsweisen und Arbeitstempo – zustande gekommen sind? Um den einzelnen SchülerInnenpersönlichkeiten gerecht zu werden, sollten diese jedenfalls bei der Beurteilung berücksichtigt werden. Das Portfolio erlaubt dem Kind, seine **Lernfortschritte** deutlich zu zeigen. Die individuellen Lernfortschritte sollten gerade in der Grundschule der wichtigste Bezugspunkt bei der Beurteilung sein.

Mir gefällt die Idee der Portfoliobeurteilung sehr gut. Aber ich fürchte, dass ich so ganz allein in meiner Schule zu vielen Widerständen von Eltern und KollegInnen begegne.

Schauen Sie sich um, ob Sie in benachbarten Schulen **Gleichgesinnte** finden, mit denen Sie sich austauschen können. Darüber hinaus können Sie sich in unser Netzwerk einklinken. Adressen finden Sie in der Einleitung.

Meine SchülerInnen möchten unbedingt Noten. Sie sehen sich leid, wenn ihre Geschwister oder FreundInnen aus anderen Klassen Einser erhalten.

Ja! In den Familien werden die Kinder im Regelfall für gute Noten von den Eltern und Großeltern belohnt. Die Kinder müssen daher fürchten, dass die Belohnungen wegfallen, wenn sie keine Noten bekommen. Natürlich gilt dies nur für gute Noten. Bei Kindern mit Lernschwierigkeiten finden Sie diese Motivation nicht in diesem Ausmaß. Der Nachteil dieser Form der Motivation liegt aber darin, dass Kinder nur mehr für die erwarteten Belohnungen lernen und nicht mehr aus **Interesse an der Sache**. Aber gerade diese Motivation wird durch Portfolios gefördert. Natürlich müssen bei Portfolios die Belohnungen nicht wegfallen. Eltern und andere Bezugspersonen können die Belohnungen noch gerechter als bei Noten setzen, da sie einen genaueren Einblick in die Qualität der Lernprodukte haben. Wenn Sie aber der Meinung sind, dass Noten unbedingt gegeben werden müssen, können Sie auch Portfolios benoten.

Wir feiern unsere Erfolge

SchülerInnen sind in der Regel stolz auf ihre Portfolios, da viele Anstrengungen in ihnen stecken. Dies kann und soll als Anlass für ein eigenes **Fest am Schulschluss** genommen werden. Bei diesem sollten sie Gelegenheit haben, ihr Portfolio anderen SchülerInnen, LehrerInnen und/oder *Eltern* vorzustellen. Interessierte Adressaten wären vielleicht die *SchülerInnen* der nächstniedrigen Schulstufe, die auf diese Weise einen Eindruck gewinnen können, was sie im nächsten Schuljahr lernen werden, oder *neue LehrerInnen*, die die SchülerInnen im nächsten Schuljahr erhalten und die damit einen ersten Eindruck von der Persönlichkeit und dem Leistungsvermögen ihrer zukünftigen SchülerInnen erhalten.

Eine Klasse hat ein **Familienportfoliofest** organisiert. Sie stellten im Turnsaal für jedes Kind einen Tisch mit Sesseln für die Eltern und andere Familienangehörige auf. Auf jedem Tisch lag das Portfolio eines Kindes. Als die Eltern zum Portfoliofest kamen, führte ihr Kind sie zu seinem Tisch und stellte dort sein Portfolio vor. Die Lehrerin beobachtete die *Präsentationen* und kam, wenn notwendig, zur Unterstützung dazu. Nach den Präsentationen wurde ein großer *Sesselkreis* gebildet, in dem die Eltern und die Kinder ihre Eindrücke von der Präsentation besprachen. Um das Eis zu brechen, lud die Lehrerin alle Eltern ein, den Satzanfang „Ich bin stolz ...“ zu vervollständigen. Dies brachte eine lebhafte *Diskussion* in Gang. Dabei konnten sich alle Kinder als erfolgreiche LernerInnen erleben. Anschließend setzte man sich gemütlich bei einem von den Kindern gestalteten Buffet zusammen.

In einer anderen Schule regte die Lehrerin ihre Kinder an, an einem Vormittag in der letzten Schulwoche ihre Portfolios den **Kindern der nächstniedrigen Schulstufe** vorzustellen. Zu diesem Zweck wurde eine Stunde vereinbart, in der die jüngeren SchülerInnen in die Klasse zu Besuch kamen. Jede Besucherin, jeder Besucher durfte sich *ein Kind auswählen*, von dem es das Portfolio gezeigt bekommen wollte. Auf diese Weise gab es die Möglichkeit, zwei bis drei verschiedene Portfolios kennen zu lernen. Anschließend wurden in einem gemeinsamen *Sesselkreis* die Fragen der BesucherInnen beantwortet. Diese richteten sich vor allem auf ihre zukünftigen Lerninhalte und auf *„Tipps“*, wie man denn das alles lernen könne. Eine gemeinsame Jause beendete den Ausflug in die höhere Schulstufe.

Ähnlich gestaltete eine erste Schulstufe ihr **Portfoliofest**. Es ist in dieser Schule üblich, dass die *Kindergartenkinder*, die im Herbst mit der Schule beginnen, zu einem „Tag der offenen Tür“ eingeladen werden. An diesem Tag zeigen ihnen die Erstklasser das Schulhaus, ihre Klasse und was sie in diesem Schuljahr gelernt haben. Dazu verwendeten sie einzelne Portfolios, mit deren Hilfe sie dies den Gästen anschaulich zeigen konnten.

Eine Kleinschule, die in ihrem Schulprogramm Portfoliobeurteilung für alle Klassen festgelegt hat, machte am Ende des Schuljahres eine **Portfolioausstellung**. Dabei wurden außer den Portfolios größere *Poster*, *Modelle* und andere *Gruppenprodukte*, die während des Jahres entstanden sind, ausgestellt. Die Kinder, ihre Eltern und andere Interessierte erhielten zu verschiedenen Zeiten Gelegenheit, die Ausstellung zu besuchen. Zum Abschluss wurde ein mit allen Kindern gestaltetes *Kindermusical* aufgeführt.

Das sind nur einige Anregungen, wie Sie mit Ihren SchülerInnen und den Eltern die erbrachten Leistungen gebührend feiern können. Vergessen Sie nicht darauf! Sie und Ihre SchülerInnen verdienen **Anerkennung** für die Jahresarbeit. Diese Anerkennung ist wesentlich für die Stärkung des Selbstbewusstseins und lässt **Lernen** zu einem **positiven Wert** im Leben werden.
Die Begeisterung, die die Kinder beim Portfoliofest empfinden werden, ist wahrscheinlich auch für Sie ein lohnendes Dankeschön.

Kopiervorlagen

2. Klasse

LESEN, SPRECHEN, SPRACHBETRACHTUNG, SCHREIBEN

altersgemäße Texte geläufig und gut verständlich vorlesen

den Sinn der Texte erfassen und wiedergeben

sich selbstständig mit Texten verschiedener Art auseinander setzen

bewusst zuhören und Gesprächsregeln einhalten

sich zu Gehörtem sachl. äußern

eigene Auffassung vertreten

verständlich und zusammenhängend erzählen, fragen, antworten

deutlich und eindrucksvoll sprechen

mit der Sprache spielerisch und kreativ umgehen

Sätze richtig bauen und umbauen

Satzzeichen : . ? ! richtig anwenden

kennt die Wortart „Namenwort“ und kann den Begleiter zuordnen

kann Begriffe wie „Buchstabe“, „Wort“, „Satz“ verstehen und anwenden

schreibt Texte gut lesbar, formgerecht und geordnet

schreibt Buchstaben u. Ziffern formgerecht und im richtigen Bewegungsablauf

VERFASSEN VON TEXTEN, RECHTSCHREIBEN

hat Freude am Verfassen von Texten

kann Mitteilungen, Wünsche, Fragen, Antworten niederschr.

kann eigene Erlebnisse, Beobachtungen u. a. in kurzen Sätzen niederschreiben

kann einen ausgewählten Grundwortschatz sicher schreiben

kann den GWS in verschiedenen sprachl. Zusammenhängen anwenden

Wörter in Sprechsilben zerlegen

zusammengesetzte Wörter trennen in einzelne Wörter

verwendet das Wörterbuch u. a. schriftl. Unterlagen als RS-Hilfen

Großschreibung bei Namenwörtern/Satzanfängen anwenden

rechtschriftliche Lösungsmethoden anwenden

MUSIKERZIEHUNG

beim Singen mitmachen

mit Klängen, Tönen, Geräuschen, Bewegungen experimentieren

kann Tonhöhe, Tondauer, Tempo, Lautstärke, Klangfarbe unterscheiden

passende Instrumente auswählen zu einem Lied/Text

BILDNERISCHE ERZIEHUNG

sorgfältig und ausdauernd arbeiten

Menschen, Tiere, Dinge differenziert darstellen

kreativer Umgang mit einfachen Werkmitteln/Farben/Formen

bringt sich bei Werkbesprechung ein

ARBEITSVERHALTEN

sachbezogene Arbeitshaltung

Lernfreude und Sachinteresse

sich für eine Arbeit selbst entscheiden, sie planen und organisieren

sorgfältig und genau arbeiten

selbstständig arbeiten

Ordnung halten bei den Arbeitsmitteln

Ausdauer bei der Arbeit zeigen

im Unterricht regelmäßig mitarbeiten

LEIBESÜBUNGEN

bei Übungen mitmachen

Spielregeln beachten

laufen	springen
klettern	werfen, fangen
hangeln	schaukeln, schwingen
rollen	überdrehen
stützen	seilspringen

ziehen schieben

SOZIALVERHALTEN

sich etwas zutrauen

eigene Wünsche angemessen äußern

Anerkennung von Regeln

Fähigkeit zur Zusammenarbeit

zu Konfliktlösungen beitragen

berechtigte Kritik ertragen

sich auf Bedürfnisse anderer einstellen

Rücksicht nehmen

anderen aus eigenem Antrieb helfen

sich für die Gemeinschaft einsetzen

SACH-UNTERRICHT

arbeitet im Heft u. ä. sorgfältig, leserlich und übersichtlich

einfache biologische und gesellschaftliche Zusammenh. erklären

geht verantwortungsbewusst mit eigenen u. fremden Sachen um

verantwortungsbew. Verhalten gegenüber der Natur

verantwortungsbew. Umgehen mit der Gesundheit

bewusst beobachten

Aufträge und übernommene Arbeiten zuverlässig ausführen

Eigenaktivität: Arbeitsvorschläge, Fragen, Lösungswege ...

Informationen richtig weitergeben

richtige Auskunft geben

aus Bildern und Texten Informationen entnehmen

sich selbst Informationen besorgen

sich schnell in neuen Aufgabenstellungen zurechtfinden

MATHEMATIK

Verstehen der Operationsstrukuren

Durchführen v. Rechenoperat. im ZR 100:

- wegzählen + dazuzählen mit Zehnerüber-/-unterschreitung

ohne Material

Einmaleins Einsineins automatisiert 10 5 2 4 3 6 8 9 7

Verdoppeln Vertauschen

Halbieren Zerlegen

kann Sachaufgaben lösen

Maßeinheiten kennen und anwenden: 100 – 1

m dm cm kg dag S g € c

Stunde – Tag – Woche – Monat – Jahr

Operieren mit Größen: schätzen – messen

räumliche Positionen Richtungen angeben können

Erfassen und Beschreiben von einfachen geometrischen Figuren

Quader Zylinder Kugel

Untersuchen von Flächen: vergleichen, ordnen, nachlegen ...

Hantieren mit Zeichengeräten

Handelndes Entdecken von Symmetrien (Faltschnitte)

Richtiges Verwenden von Relationsformen = # > <

Förderplan für ____________________

Motorik – Psychomotorik

Grobmotorik
Kraft- und Ausdauertraining: laufen und abstoppen, hüpfen und springen, Minitrampolin springen
Muskelkräftigungsübungen im Schultergürtelbereich: hangeln, klettern, schwingen, abstützen, hochziehen ...
Muskelspann- und -entspannungsübungen, isometrische Übungen
Rutschen
Übungen mit Pedalos, mit dem Rollbrett
Ergotherapeutische Übungen: schaukeln, rollen auf verschiedenen Materialien

Feinmotorik

Fingerkräftigungsübungen:
Reißen – Papier, Stoff, Karton, Blätter
Kneten – Plastilin, Teig, Papiermaché, Ton, Sand, Papierbälle, Touchbälle, Mehlluftballons
Schraubübungen – Gläser, Schrauben in Holz drehen, Flügelmuttern auf Schrauben drehen, Tuben, Fläschchen

Schüttübungen – Kipp-Drehbewegungen:
Körner löffeln, Wasser schöpfen, Korken fischen, Sand rieseln, Rieselspiele mit Bohnen, Kastanien, Linsen, Erbsen ...

Schulter- und Ellbogenbeweglichkeit:
Richtungs- und Formenschwingen mit Tüchern, Keulen, Seilen, Reifen, Bällen

Handgelenksbeweglichkeit:
Klatschspiele, Steckspiele, Wollknäuel aufwickeln, Ball prellen, Reissäckchen schleudern, schneiden mit Messer und Schere

Fingerbeweglichkeit:
Schnecken drehen mit Wolle, Bleischnur, Spagat, Kordeln ...
Fingergymnastik: Fingerspiele
Papier schnipseln, lochen, klammern, heften, falten
Fingermalerei

Koordination
Rollbrett fahren
Slalom fahren, gehen, laufen
Hindernisse überwinden
Kriech- und Krabbelübungen mit und ohne Geräte
Bälle werfen und fangen, Ziel schießen
Tücher werfen und fangen
Hampelmann spielen
Kegel scheiben
Stiegen steigen
Minitrampolin springen mit Handbewegung
Kinästhetische Überkreuzbewegungen

Visuomotorische Übungen
Beidarmiges Zeichnen und Malen
Kugeln rollen auf der Achterbahn und auf dem Kleeblatt
Labyrinthspiele
Angelspiele
Wurfringspiele

Körperwahrnehmung
Kugelbad
Körperformen stecken auf der Lochwand
Körpermassage: Massieren mit Noppenbällen, mit dem Tut-mir-wohl-Männchen

Gleichgewichtswahrnehmung
Übungen aus Grobmotorik und Koordination:
schaukeln, wippen, Trampolin springen, Rollbrett und Pedalo fahren, rollen in der Schlauchrolle, Stiegen steigen
gehen mit verbundenen Augen
schaukeln und wippen auf den Therapiebällen
Übungen mit Drehungen um die Körperlängsachse: Drehscheibe, Minitrampolin
gehen auf dem Balanceseil
balancieren auf Brettern und Langbänken

Wahrnehmungsbereiche

Taktil-kinästhetische Wahrnehmung
Ganzkörperstimulation mit verschiedenen Materialien: Bälle, Reissäckchen, Kartonrollen, Tücher ...
Handzeichnungen auf dem Rücken
Anzahl von Berührungsreizen feststellen
Blinde Kuh
Tastspiele mit dem Tastkasten
Einsatzzylinder
Tastmemory

Raumwahrnehmung
Umsetzen von Raumbegriffen auf Papier
Bauen nach Vorlage mit Nikitin und Structuro Würfeln
Bauen mit Lego-Steinen
Rechts-links-Übungen am Körper und am Papier
Spiegelbild-Übungen

Visuelle Wahrnehmung
Augengymnastik – Übungen aus der Kartei
Übungen zur visuellen Serialität – Reihenfolgen legen, Bildgeschichten ordnen

Kognition

Serien legen und einprägen
Häferlgucker
Allgemeine Übungen zum Gedächtnistraining – Gedichte, Reime ...
Intermodale Spiele zum Vernetzen von Gesehenem, Gehörtem und Bewegtem

Konzentration – Aufmerksamkeit

Übungen der Stille
Detektivspiele
Puzzlespiele
Linsen picken mit der Pinzette

Sprache

Anweisungsverständnis
Umsetzen zwei- und dreiteiliger Anweisungen
Bilder und Piktogramme deuten
Zu Anordnungen Bilder und Piktogramme erfinden

Sprachfähigkeit
Übungen zur korrekten Artikulation und Lautbildung – Mundgymnastik: Blasen, Unterkiefer, Zunge, Wangen, Lippen, Gaumensegel
Bewegungshandlungen zum Begreifen grammatischer Strukturen: Ich gehe zur Tür. ...
Zu Bildern sprechen und erzählen
Wortschatz- und Begriffsbildungsübungen: Oberbegriffe, Unterbegriffe
Satzbildungsübungen: Dreiwortsatz, Vierwortsatz, Personalformen, Prädikatformen

Sprachgedächtnis
Bewegungslandschaften in Verbindung mit Sprache
Verbalisieren der Bewegungsabfolgen und Umsetzen in Bilder
Koffer packen
Wortreihen und Sätze wiederholen und memorieren
Gedichte, Reime, Zungenbrecher lernen
Geschichten nacherzählen

Gruppenarbeit 1

Name: ____________________

Zu meiner Gruppe gehören: ____________________

GruppensprecherIn: ____________________

Arbeitskarte:

Tiere, die Eier legen — Tiere, die keine Eier legen

- Schau dir die Bilder an dieser Station gut an!
- Findet heraus, welche Tiere Eier legen und welche keine Eier legen.
  Informiert euch auf der Rückseite! Auch die Bücher werden euch bei der Suche helfen!
- Sucht passende Bilder, die ihr auf das Plakat kleben könnt!

Nun schreibe so auf:

Der Storch legt Eier.	Der Hase legt keine Eier.
D___ ____________ legt Eier.	D___ ____________ legt keine Eier.
D___ ____________ legt Eier.	D___ ____________ legt keine Eier.
D___ ____________ legt Eier.	D___ ____________ legt keine Eier.
D___ ____________ legt Eier.	D___ ____________ legt keine Eier.
D___ ____________ legt Eier.	D___ ____________ legt keine Eier.
D___ ____________ legt Eier.	D___ ____________ legt keine Eier.

- Erzähle in deinem Gruppenbericht noch genauer!
- Welches Tier hat dich besonders interessiert? ____________________
- Bei welchem Tier hast du dich geirrt? ____________________

Fragekarte 3

Wir untersuchen ein rohes Ei!

Auf dem Tisch siehst du ganze Eier. Vorsicht! Sie sind roh!
Vom aufgeschlagenen Ei liegt noch die Eierschale dort.
Ein aufgeschlagenes Ei befindet sich in der Glasschüssel.

- Versuche nun, diese Aufgabe alleine zu lösen!
  Ich greife das Ei vorsichtig an, damit es nicht zerbricht. Seine Schale ist hart, sie ist aus Kalk. Wenn ich die Eischale genauer betrachte, sehe ich, dass an ihr noch die Eihaut hängt.
- Nun schau dir das aufgeschlagene Ei in der Glasschüssel gut an.
  Der Dotter ist gelb, die Hagelschnüre sind weiß, das Eiklar durchsichtig. Auf dem Dotter befindet sich ein roter Keim, daraus kann ein Kücken wachsen! Der Dotter ernährt es. An der Hagelschnur ist es wie an einem Gummiband vor Stößen geschützt. Luft bekommt das Kücken durch die luftdurchlässige Eierschale.

An dieser Station kannst du drei Aufgaben lösen: 3a, 3b und 3c:

- **Aufgabe 3a:** Nimm das Bild des großen Eis und lege die passenden Wortkarten dazu. Vergleiche es mit den Ergebnissen der Gruppenarbeit von gestern. Welche Wörter sind für dich besonders schwer zu lesen?

  ____

  Kannst du dir denken, warum auch der Dotter von einer Haut umgeben ist?

  ____

  Welche Farbe hat das Eiklar, wenn das Ei gekocht oder gebraten wird?

  ____

- **Aufgabe 3b:** Nimm die Teile des Folieneis und versuche es zusammenzustellen. Diese Aufgabe ist sehr schwierig. Du kannst dir auch einen Partner oder eine Partnerin suchen oder deine Lehrerin um Hilfe fragen. Wenn du diese Aufgabe geschafft hast, zeige sie deiner Lehrerin.
- **Aufgabe 3c:** Als ExpertIn für Eier schaffst du es jetzt sicher das Arbeitsblatt zu beschriften!

Schau dir zu Hause dieses Blatt noch einmal gut an. Vielleicht erlaubt dir deine Mutter, ein Ei aufzuschlagen und zu untersuchen. Du kannst es ja anschließend zu einer Eierspeise verarbeiten!

Guten Appetit!

Lernzielliste **Mathematik** **2. Schulstufe**

Ich bin im Zahlenraum 100 sicher. (Ich erkenne Zahlennachbarn, ordne die Zahlen richtig, bestimme den Stellenwert, kann Zahlen richtig lesen und schreiben.)
Lösen von Additionen:
Ich kann einstellige Zahlen mit Zehnerübergang addieren. Z. B.: 8 + 7 =
Ich kann reine Zehnerzahlen addieren. Z. B.: 30 + 60 =
Ich kann gemischte Zehnerzahlen und Einerzahlen addieren. Z. B.: 63 + 5 =
Ich kann gemischte Zehnerzahlen und Einerzahlen mit Zehnerübergang addieren. Z. B.: 24 + 8 =
Ich kann zwei gemischte Zehnerzahlen ohne Zehnerübergang addieren. Z. B.: 32 + 45 =
Ich kann zwei gemischte Zehnerzahlen mit Zehnerübergang addieren. Z. B.: 48 + 27 =
Lösen von Subtraktionen:
Ich kann einstellige Zahlen subtrahieren. Z. B.: 9 – 5 =
Ich kann reine Zehnerzahlen subtrahieren. Z. B.: 80 – 50 =
Ich kann von gemischten Zehnerzahlen Einerzahlen subtrahieren (ohne Zehnerunterschreitung). Z. B.: 47 – 6 =
Ich kann von gemischten Zehnerzahlen Einerzahlen mit Unterschreitung des Zehners subtrahieren. Z. B.: 85 – 8 =
Ich kann zwei gemischte Zehnerzahlen ohne Zehnerunterschreitung subtrahieren. Z. B.: 68 – 24 =
Ich kann zwei gemischte Zehnerzahlen mit Zehnerunterschreitung subtrahieren. Z. B.: 45 – 18 =

Das Einmaleins:
Ich beherrsche die 2er-Reihe, 10er-Reihe und die 5er-Reihe.
Ich beherrsche die 3er-Reihe und die 4er-Reihe.
Ich beherrsche die 6er-Reihe und die 8er-Reihe.
Ich beherrsche die 7er-Reihe und die 9er-Reihe.
Ich kann In-Rechnungen lösen und kann teilen.
Größen und Maße:
Ich kenne Längenmaße und kann damit rechnen.
Ich kenne Gewichtsmaße und kann mit kg und dag rechnen.
Ich kenne das Geld und kann mit S und g (€ und c) rechnen.
Ich kenne den Kalender und die Uhrzeit und kann mit min, h, Tagen, Wochen und Monaten rechnen.
Geometrie:
Ich kann Muster zeichnen und nachzeichnen.
Ich kann geometrische Flächen und Körper beschreiben und vergleichen.
Ich kenne die Namen von Flächen und Körpern.
Ich kann mit geometrischen Zeichengeräten umgehen.

Lernzielliste **Sachunterricht** **2. Schulstufe**

Projektunterricht: Das Ei

→ Themenkreis:
✓ Begegnung mit der Natur:
✓ Naturobjekte untersuchen
✓ Naturvorgänge beobachten
✓ Biologische Zusammenhänge in der Tierwelt
✓ Suchen, Sammeln, Betrachten und Ordnen von Dingen aus der Natur

Individuelle Lernziele für:
Beteiligt sich mit sachbezogenen Beiträgen/Ideen am Projekt
Bringt zum Projekt passende Arbeitsmaterialien mit
Übernimmt Aufgaben bei der Durchführung von Projekten
Übernimmt Führungsposition in Gruppen
Arbeitet während des Projekts eifrig und interessiert
Arbeitet im Projekt gern mit PartnerInnen und in Gruppen
Arbeitet selbstständig und zielstrebig
Kann das erlernte Wissen in schriftliche Arbeit umsetzen
Gestaltet detaillierte Arbeiten im Projekt
Merkt sich Inhalte des Unterrichts
Kann Inhalte aus Büchern/Bildmaterial entnehmen

Lernziellisten

Schlüsselqualifikationen und dynamische Fähigkeiten

VERHALTEN IN DER GEMEINSCHAFT
Ich arbeite gerne mit anderen Kindern zusammen.
Ich helfe anderen Kindern.
Ich halte mich an gemeinsam vereinbarte Regeln.
Ich nehme Rücksicht auf andere.
Ich kann Kritik vertragen.
Ich überlege mir Lösungen für Probleme.
Ich sage meine Wünsche und habe gute Ideen.

ARBEITSVERHALTEN
Ich habe Freude am Lernen und an der Arbeit.
Ich kann mich für eine Arbeit entscheiden.
Ich plane und organisiere meine Arbeit.
Ich kann selbstständig arbeiten.
Ich kann konzentriert an einer Aufgabe arbeiten.
Ich habe Ausdauer bei der Arbeit.
Ich weiß, was ich gut kann und woran ich noch arbeiten muss.
Ich erledige meine Pflichtaufgaben.
Ich kann Ordnung halten.

Entwicklungsraster für fächerübergreifende Projekte – 2. Schulstufe

	🙂	😐	🙁
Selbstständigkeit und Kreativität	Er oder sie ist in der Lage, sich selbstständig Informationsquellen innerhalb und außerhalb der Schule zu beschaffen und sie anzuwenden. Die Arbeitsergebnisse werden eigenständig formuliert und festgehalten. Eigene kreative Ideen werden entwickelt und umgesetzt.	Er oder sie verwendet angebotenes Material sinngemäß und zielgerichtet, das Beschaffen eigener Informationsquellen bereitet ihm oder ihr aber Schwierigkeiten. Das Aufzeichnen der Arbeitsergebnisse gelingt mit gelegentlichen Hilfestellungen weitgehend. Eigene kreative Ideen werden selten eingebracht.	Er oder sie kann vorgegebene Materialien nicht selbstständig zielgerichtet anwenden, das Beschaffen eigener Informationsquellen gelingt ihm oder ihr nicht. Das Festhalten von Arbeitsergebnissen ist nur mit Hilfe möglich. Eigene kreative Ideen werden nicht eingebracht.
Forschendes und entdeckendes Lernen	Initiative und Aktivität in der Auseinandersetzung mit verschiedensten Materialien ist in hohem Maß vorhanden. Spontan auftretende Probleme werden erkannt und bewältigt. Umsetzung und Anwendung des Gelernten gelingt mühelos.	Initiative und Aktivität in der Auseinandersetzung mit verschiedensten Materialien ist vorhanden. Das Bewältigen spontan auftretender Probleme bereitet noch Schwierigkeiten. Umsetzung und Anwendung des Gelernten gelingen nur mit Hilfe.	Initiative und Aktivität in der Auseinandersetzung mit verschiedensten Materialien fehlen weitgehend. Auftretende Probleme demotivieren; das Kind gibt auf.
Struktur der Arbeit	Er oder sie ist in der Lage, eine Grobplanung zur Organisation der Projektarbeit aufzustellen und einen zeitlichen Planungsablauf festzulegen und weitgehend einzuhalten. Das Herstellen von Querverbindungen zu anderen Unterrichtsgegenständen gelingt.	Er oder sie kann eine Grobplanung zur Organisation der Arbeit aufstellen, wenn gezielte Hilfestellungen angeboten werden. Ein von der Lehrerin vorgegebener Zeitplan ermöglicht die Bewältigung des organisatorischen Ablaufs. Die Vernetzung mit anderen Unterrichtsgegenständen wird durch Impulse möglich.	Eine zielgerichtete Handlungsplanung ist nicht möglich, Schritt-für-Schritt-Anleitungen sind notwendig. Ein Zeitrahmen muss gesetzt und konsequent überwacht werden. Vernetztes Denken bereitet große Schwierigkeiten.
Teamarbeit	Arbeit, Kommunikation und Kooperation im Team gelingen konzentriert, rücksichtsvoll und produktiv. Reger Ideenaustausch beeinflusst die Arbeitsergebnisse positiv.	Arbeit, Kommunikation und Kooperation im Team funktionieren fallweise. Konzentration, Ausdauer, Stabilität und Ideenaustausch sind themenabhängig und die Arbeitsergebnisse deshalb nicht immer zufrieden stellend.	Auf Grund mangelnder Einzelleistungen fallen Arbeit, Kommunikation und Kooperation im Team schwer. Es mangelt an Konzentration und Ausdauer; Ideenaustausch findet nicht statt.
Inhalt	Der Inhalt zeichnet sich durch gezielte Information, Ideenreichtum und Kreativität aus. Sachverhalte werden klar und detailliert beschrieben.	Informationen werden gelegentlich eingeholt, Ideenreichtum und Kreativität sind nur in geringem Ausmaß vorhanden. Sachverhalte werden unklar und wenig detailliert beschrieben.	Informationen werden nicht eingeholt, Ideenreichtum und Kreativität fehlen. Sachverhalte können auf Grund mangelnden Verständnisses nicht formuliert werden.
Genauigkeit und Sorgfalt	Bei der Durchführung der Arbeiten wird auf Genauigkeit und Sorgfalt Wert gelegt. Das Kind nimmt sich ausreichend Zeit für die Erarbeitung und Gestaltung der Ergebnisse.	Die Durchführung der Arbeiten erfolgt wenig genau und sorgfältig. Das Kind nimmt sich nicht ausreichend Zeit für die Erarbeitung und Gestaltung der Ergebnisse.	Auf Genauigkeit und Sorgfalt wird kein Wert gelegt. Das Kind will seine Arbeit möglichst rasch beendet haben.

Beobachtungsprotokoll für ______________________

Arbeits- und Sozialverhalten

Selbstständigkeit . . . .

Konzentration / Ausdauer . . . .

Arbeitstempo . . . .

Einfügen in Sozialstrukturen . . . .

Regelverständnis . . . .

Sprechen

Wichtige Gesprächsregeln beachten, verstehen und befolgen . . . .

Ausdrucksvoll und deutlich sprechen . .

Wortschatz erweitern und differenzieren

Texte sinngestaltend sprechen . . . .

Gebrauch der Schriftsprache . . . .

Anmerkungen

Mathematik

Einmaleins . . . .

Orientierung im Zahlenraum bis ______________ . . . .

Ausführen von Rechenoperationen . . . .

Mechanisiertes Rechnen . . . .

Schriftliches Rechnen . . . .

Lösen von Sachproblemen . . . .

Rechnen mit Größen . . . .

Orientieren im Raum . . . .

Erfassen und Beschreiben geometrischer Figuren . . . .

Umfangsberechnungen . . . .

Hantieren mit dem Lineal . . . .

Motorik/Schrift/Texte

Koordination der Bewegung . . . .

Buchstabenformen . . . .

Beziehung Druckschrift – Schulschrift . .

Schreibabläufe automatisieren . . . .

Freude am Verfassen von Texten entwickeln . . . .

Abschreiben . . . .

Freies Schreiben . . . .

Lesen

Lesemotivation . . . .

Lesefertigkeit und -sicherheit . . . .

Lesegenauigkeit . . . .

Sinnerfassendes Lesen . . . .

Weltbegegnung

Naturbegegnung

Umgang mit Geräten

Mitarbeit an Projekten

Selbsttätigkeit

Experimentelles Arbeiten

Werkerziehung

Produktives und schöpferisches Denken

Beobachten lernen

Feinmotorik

Genauigkeit bei der Ausführung des Werkstückes

Umgang mit Werkzeugen und Werkstoffen

Rechtschreiben/Sprachbetrachtung

Verantwortung für richtiges Schreiben

Gebrauch des Wörterbuches

Sicherung des Grundwortschatzes

Wortfamilientraining – Analogien

Großschreibung von Namenwörtern

Reimwörter bilden

Sätze bauen

Interpunktion

Musische Erziehung

Rhythmik

Bewusstes Hören

Musikalischer Ausdruck

Kreative Gestaltungsfähigkeit

Bildordnung

Ausführen von Details

Sammeln von Materialerfahrungen

Ausführen verschiedener Techniken

Religion

Mitarbeit

Interesse an religiösen Inhalten

Erklärung

Wir wurden über den Leistungsstand, Lernzuwachs und Lernfortschritt in allen Pflichtgegenständen in einem Gespräch mit den Lehrkräften der Klasse informiert.

Datum

Unterschrift

Lernbericht - Ich

.....Woche Datum:

Name: ______________________________

Schätze dich selber gut ein:

	Braucht noch Arbeit	Ist in Ordnung	Super
Mein Benehmen			
Meine Schrift			
Meine Hausübungen			
Wie ich mich in der Klasse verhalte			
Wie ich Ordnung halte			
Bin ich pünktlich?			
Befolge ich Anweisungen?			
Wie steht es mit der Zusammenarbeit?			
Nütze ich die Zeit gut?			

Für die Dinge, die noch Arbeit brauchen, werde ich:

____

____

____

Was mich stört und was ich gerne geändert hätte:

____

____

____

Lernbericht - Ich

.....Woche Datum: ____________________

Name: ______________________________

Wie geht es dir? Als deine Lehrerin, dein Lehrer bin ich da, um dir zu helfen. Ich möchte deine Lernsituation natürlich verbessern! Daher bin ich an deiner Meinung sehr interessiert!

	JA	NEIN
Ich beantworte gerne Fragen.		
Ich gehe gerne in diese Klasse.		
Ich verstehe die Aufträge und kenne mich bei den Aufgaben aus.		
Ich sitze gerne auf meinem Platz.		
Ich bringe in der Klasse meine beste Leistung.		
Ich mag Gruppenunterricht.		
Ich mag gerne alleine arbeiten.		
Ich mag es, wenn die Lehrperson vorträgt.		

Der schlechteste Tag für Hausaufgaben ist für mich der ______________________________.

Gib den Grund an: ______________________________

____

Die tollste Stunde bisher war: ______________________________

____

Ich mag ganz besonders: ______________________________

____

Ich habe eine Idee, die für uns alle wichtig ist: ______________________________

____

____

Lernbericht

Unterrichtsgegenstand: ______________________________ Klasse: ________

Schülerin, Schüler: ______________________________ Zeit von: ________ bis: ________

1. Im Unterricht behandelte Ziele:

____

____

____

Kommentar der Lehrperson:

2. Welche Bedeutung haben die Inhalte für mich? – Was habe ich gelernt?

____

____

____

Kommentar der Lehrperson:

3. Hatte ich Schwierigkeiten? Wenn ja, wie habe ich sie gelöst?

____

____

____

Kommentar der Lehrperson:

Lernbericht

4. Wie habe ich geübt (verwendetes Material, Übungen im Buch, ...)?

Kommentar der Lehrperson:

5. Wie beurteile ich meinen Lernfortschritt (Kenntnisse, Ergebnisse, Fertigkeiten)?

Kommentar der Lehrperson:

6. Wie beurteile ich meinen Aufwand (Zeitaufwand, Einsatz, Mitarbeit, Hausübung, ...)?

Kommentar der Lehrperson:

7. Bemerkungen, Anregungen und Wünsche zum Unterricht:

Kommentar der Lehrperson:

Selbst-Beobachtungsprotokoll für ____________________

Arbeits- und Sozialverhalten

Ich beachte die vereinbarten Regeln und nehme Rücksicht auf andere Personen.	☺ 😐 ☹
Ich arbeite gerne mit anderen Kindern und unterstütze sie bei ihrer Arbeit.	☺ 😐 ☹
Ich arbeite selbstständig und konzentriert.	☺ 😐 ☹
Ich erledige meine Aufgaben gewissenhaft.	☺ 😐 ☹
Ich zeige Ausdauer bei der Arbeit und nutze die Zeit.	☺ 😐 ☹

Sachunterricht

Ich kann mir selbstständig Informationsquellen beschaffen und sie anwenden.	☺ 😐 ☹
Ich arbeite an einer gemeinsamen Projektplanung mit und leiste eigene Beiträge.	☺ 😐 ☹
Ich erkenne Probleme und überlege mir Lösungen.	☺ 😐 ☹
Ich kann Ergebnisse so aufschreiben, dass andere Kinder sie verstehen können.	☺ 😐 ☹
Ich kann meine Arbeit präsentieren.	☺ 😐 ☹

Deutsch – Sprechen

Ich habe Freude am Erzählen und kann mich gut und verständlich ausdrücken.	☺ 😐 ☹
Ich gebrauche die Schriftsprache.	☺ 😐 ☹
Ich kann Anweisungen verstehen und ausführen.	☺ 😐 ☹
Ich spreche deutlich und ausdrucksvoll.	☺ 😐 ☹

Deutsch – Lesen

Ich habe Freude und Interesse am Lesen.	☺ 😐 ☹
Ich lese fließend, sicher und genau.	☺ 😐 ☹
Ich verstehe, was ich lese. Ich kann Geschichten nacherzählen und Fragen beantworten.	☺ 😐 ☹
Ich kann deutlich und betont vorlesen.	☺ 😐 ☹

Deutsch – Verfassen von Texten

Ich habe Freude am Schreiben von Texten.	☺ 😐 ☹
Ich kann meine Gedanken ordnen und Wichtiges von Unwichtigem unterscheiden.	☺ 😐 ☹
Ich kann mir Notizen machen und Briefe schreiben.	☺ 😐 ☹
Ich kann Formulare und Tabellen ausfüllen und Listen und Karteien führen.	☺ 😐 ☹
Ich kann Geschichten spannend und verständlich erzählen und aufschreiben.	☺ 😐 ☹

Deutsch – Rechtschreiben

Ich bemühe mich, meine schriftlichen Arbeiten sauber und ordentlich zu gestalten.	☺ 😐 ☹
Meine Rechtschreibung ist mir wichtig.	☺ 😐 ☹
Ich verwende gerne und oft mein Wörterbuch.	☺ 😐 ☹
Ich kann häufig wiederkehrende Wörter richtig schreiben.	☺ 😐 ☹
Ich erkenne Wortfamilien und Wortstämme und kann Wörter zusammensetzen bzw. ableiten.	☺ 😐 ☹
Ich beherrsche die wichtigsten Regeln der Groß- und Kleinschreibung.	☺ 😐 ☹
Ich habe keine Mühe mit Verdoppelungen (mm, ll ...) und Dehnungen (ie, stummes h).	☺ 😐 ☹
Ich wende Satzzeichen richtig und sinnvoll an.	☺ 😐 ☹

Deutsch – Sprachlehre

Ich kann Sätze bauen und umbauen.	☺ 😐 ☹
Ich kann unsinnige Sätze richtig stellen.	☺ 😐 ☹
Ich kann verschiedene Satzarten unterscheiden und entsprechende Satzzeichen richtig setzen.	☺ 😐 ☹
Ich erkenne die wichtigsten Wortarten: Zeitwörter, Namenwörter, Artikel, Eigenschaftswörter.	☺ 😐 ☹
Ich kann Wörter sinnvoll zusammenbauen und trennen.	☺ 😐 ☹

Mathematik

Ich beherrsche das Einmaleins und das Einsineins ohne und mit Rest.	☺ 😐 ☹
Ich kann mich im Zahlenraum 1000 orientieren.	☺ 😐 ☹
Ich kann im Zahlenraum 1000 die Zahlen lesen und vergleichen.	☺ 😐 ☹
Ich kann im Zahlenraum 1000 addieren.	☺ 😐 ☹
Ich kann im Zahlenraum 1000 subtrahieren.	☺ 😐 ☹
Ich kann im Zahlenraum 1000 multiplizieren.	☺ 😐 ☹
Ich kann im Zahlenraum 1000 dividieren.	☺ 😐 ☹
Ich kann Sachaufgaben lösen.	☺ 😐 ☹
Ich kann mit Größen rechnen und Maßumwandlungen vornehmen.	☺ 😐 ☹
Ich kann mich im Raum orientieren und Wege beschreiben.	☺ 😐 ☹
Ich kenne einfache geometrische Flächen, kann sie darstellen, beschreiben und vergleichen.	☺ 😐 ☹
Ich kenne einfache geometrische Körper, kann sie darstellen, beschreiben und vergleichen.	☺ 😐 ☹
Ich kenne die wichtigsten geometrischen Grundbegriffe: rechter Winkel, Kanten, Symmetrie, parallel, Umfang, vergrößern, verkleinern.	☺ 😐 ☹
Ich kann den Umfang von Flächen berechnen.	☺ 😐 ☹

Ich kann mit dem Lineal umgehen, Längen messen und Strecken zeichnen.

Musikerziehung

Ich habe Freude an Musik und singe gerne.

Ich experimentiere gerne mit Klängen und spiele gerne mit Rhythmusinstrumenten.

Ich höre gerne Musik und kann verschiedene Instrumente voneinander unterscheiden.

Ich kenne verschiedene Komponisten und einige ihrer Werke.

Ich bewege mich gerne rhythmisch zu Musik.

Bildnerische Erziehung

Ich habe Freude am Zeichnen, Malen und Formen.

Ich habe originelle Ideen und kann sie auch umsetzen.

Ich kenne verschiedene Techniken und kann gut damit umgehen.

Ich arbeite gerne mit unterschiedlichen Materialien.

Ich achte auf Einzelheiten und zeichne und male sie auch.

Ich arbeite sorgfältig und genau.

Werkerziehung

Ich habe Freude und Interesse am Werken.

Ich kann mit Werkzeugen und Werkstoffen gut umgehen.

Ich arbeite selbstständig und führe angefangene Arbeiten bis zum Ende durch.

Ich arbeite sorgfältig und genau.

Leibesübungen

Ich habe Freude an der Bewegung.

Ich beherrsche die Bewegungen meines Körpers; ich laufe, springe und klettere geschickt.

Ich reagiere sicher und schnell.

Ich habe einen guten Gleichgewichtssinn.

Ich kann mit Turn- und Handgeräten (Ball, Seil, Reifen ...) gut umgehen.

Bei Spielen beachte ich die Spielregeln.

Rechnen Malnehmen im Zahlenraum 0–10

A) Mengenverständnis	☺	😐	☹
2er Mengen im ZR 0–10 bilden.			
2er Mengen schriftlich als fortgesetzte Plusrechnung aufschreiben.			
3er, 4er, 5er, 6er, 7er, 8er und 9er Menge im ZR 0–10 mit Hilfe von Anschauungsmaterial darstellen.			
Mengendarstellungen laut Anleitung richtig legen.			
Malrechnung anhand der Mengendarstellung nennen.			
Mengengruppen untereinander vergleichen und Größenangaben nennen.			

B) Malrechnungen	☺	😐	☹
Mündliches Malnehmen mit Hilfe der Anschauungsmaterialien.			
Schriftliche Ausführung des Malnehmens.			
Malrechnungen anhand der Mengengruppen richtig aufschreiben.			
Mengengruppen anhand von schriftlichen Malrechnungen bilden.			

C) Zusammenhänge finden – Schreibweise	☺	😐	☹
Malrechnungen als Plusrechnung aufschreiben.			
Malrechnungen auf Grund von Verdopplungen aufschreiben.			
Malrechnungen auf Grund von Halbierungen aufschreiben.			
Malrechnungen mit Rest anführen.			

D_1) Üben der Malreihen

Ich übe mit ...	2er	3er	4er	5er	6er	7er	8er	9er	10er
Steckbrett und Steckknöpfen									
Würfelstangen									
Perlenmaterial									
Multiplikationsbrett									
Tastschnur									
Krims-Krams									
Chips und Lochbrett									
Eierkartons									

D_2) Üben der Malreihen

Ich übe mit ...	2er	3er	4er	5er	10er	?
Steckbrett und Steckknöpfen						
Würfelstangen						
Perlenmaterial						
Multiplikationsbrett						
Tastschnur						
Krims-Krams						
Chips und Lochbrett						
Eierkartons						

E) Leistungsüberprüfung

Lernzielkontrolle ABL	2er	3er	4er	5er	6er	7er	8er	9er	10er
Lernscheibe									
1x1 Domino									
1x1 Memory									
1x1 Puzzle									
1x1 Schieber									
Rechenmax									
„Mensch ärgere dich nicht 1x“									

F) Ich über mich

	2er	3er	4er	5er	6er	7er	8er	9er	10er
Das war leicht für mich.									
Diese Reihe kann ich mir besonders gut merken.									
Diese Reihe bereitet mir große Schwierigkeiten.									
Bei dieser Reihe verwechsle ich die Ergebnisse der Malsätzchen.									
Ich brauche Hilfe (LehrerIn? SchülerIn? Material?).									

Ich arbeite gerne mit ______________________________ (Rechenmaterial)

Mit diesen SchülerInnen arbeite ich besonders gern bei den Übungen der Malreihen: ____________________

G) Vertiefungen	☺	😐	☹
Arbeit mit der Ziffer 0.			
Arbeit mit allen Malreihen.			
Finden von Nachbaraufgaben.			
Gleiche Ergebnisse durch verschiedene Malaufgaben darstellen.			
Gleiche Ergebnisse – aufschreiben verschiedener Malsätzchen.			
Umkehraufgaben mündlich richtig formulieren.			
Einmaleinsaufgaben mit Plusrechnungen verbinden.			
Einmaleinsaufgaben mit Minusrechnungen verbinden.			

Bewertungsraster

MUSIKERZIEHUNG			
Ich kann einfache Melodien nachsingen.			
Ich kann Töne in ihren Tonhöhen unterscheiden.			
Ich mache beim gemeinsamen Singen mit.			
Ich spiele gern auf Rhythmusinstrumenten.			
Ich kenne verschiedene Noten bzw. Notenwerte.			
Ich kann Noten schreiben.			
Ich kann mich zu Musik rhythmisch bewegen.			
MATHEMATIK			
Ich kann im ZR 100 die Zahlen lesen und schreiben.			
Ich kann einstellige Zahlen mit ZÜ addieren: 8 + 7 =			
Ich kann reine Zehner addieren: 20 + 40 =			
Ich kann gemischte Zehnerz. und Einer addieren: 45 + 3 =			
Ich kann gem. Zehnerz. und Zehner addieren: 28 + 30 =			
Ich kann Zehner und gem. Zehnerz. addieren: 30 + 28 =			
Ich kann gem. Zehnerz. und gem. Zehnerz. addieren: 23 + 31 =			
Ich kann gem. Z. und gem. Z. add./mit ZÜ: 45 + 28 =			
Ich kann einstellige Zahlen subtrahieren: 8 – 6 =			
Ich kann reine Zehner subtrahieren: 60 – 30 =			
Ich kann von gemischten Zehnerz. Einer subtrahieren: 69 – 4 =			
Ich kann von gem. Zehnerz. Einer subtr./mit ZÜ: 52 – 8 =			
Ich kann von gem. Zehnerz. Zehner subtrahieren: 37 – 20 =			
Ich kann von gem. Zehnerz. gem. Zehnerz. subtrahieren: 59 – 34 =			
Ich kann von reinen Zehnern Einer subtrahieren: 70 – 6 =			
Ich kann von gem. Zehnerz. gem. Z. subtr./mit ZÜ: 65 – 18 =			

	☺	😐	☹
Ich kann die 2er-Reihe.			
Ich kann die 3er-Reihe.			
Ich kann die 4er-Reihe.			
Ich kann die 5er-Reihe.			
Ich kann die 6er-Reihe.			
Ich kann die 7er-Reihe.			
Ich kann die 8er-Reihe.			
Ich kann die 9er-Reihe.			
Ich kann die 10er-Reihe.			
Ich kann einfache Textaufgaben lösen.			
Ich kann mit dem Lineal umgehen.			
Ich kann mich im Raum orientieren und Wege beschreiben.			
Ich kann cm in dm umwandeln.			
Ich kann cm-Angaben auf m ergänzen.			
Ich kann mit den Maßen kg und dag arbeiten.			
Ich habe mit dem Litermaß gearbeitet.			
Ich kenne verschiedene Flächen, Formen und Figuren.			

Sachunterricht	✘	✔
Ich habe Interesse an Forschungsthemen und arbeite an der Planung mit.		
Ich setze mich mit dem Thema auseinander, suche selbstständig Material und bringe Ideen und Informationen ein.		
Ich sammle Informationen aus der Umwelt, aus Büchern oder zu Hause und kann dieses Wissen verständlich weitergeben.		
Ich arbeite eifrig an der Durchführung der Projekte mit, gestalte Ausstellungen mit, arbeite an den selbstgemachten Büchern und der Präsentation des Themas mit.		

Literatur

Hier finden Sie Texte, die sich allgemein mit Leistungsbeurteilung beschäftigen:

Eder, F. Neue Lehrpläne – Folgerungen für die Leistungsbeurteilung. in: ***Erziehung und Unterricht*** 4/97

Faust-Siehl, G. u. a. ***Die Zukunft beginnt in der Grundschule.*** Empfehlungen zur Neugestaltung der Primarstufe. Reinbek bei Hamburg: Rowohlt Taschenbuchverlag. 1996

Gardner, H. ***Der ungeschulte Kopf.*** Wie Kinder denken. Stuttgart: Klett-Cotta. 1993

Lichtenstein-Rother, I. Leistungsbeurteilung in der Spannung zum pädagogischen Auftrag der Schule. in: Olechowski, R./Persy, E. (Hg.) ***Fördernde Leistungsbeurteilung.*** Wien: Jugend und Volk. 1987

Mattmüller-Frick, F. ***Plädoyer für eine Schule mit Pfiff.*** Ein Lesebuch für Mütter und Väter, Heranwachsende, Lehrerinnen und Lehrer und andere lebendig gebliebene Zeitgenossinnen und -genossen. Bern: Haupt. 1985

Olechowski, R. und Persy, E. ***Fördernde Leistungsbeurteilung.*** Wien: Jugend und Volk. 1987

Olechowski, R. und Wolf, W. ***Die kindgemäße Grundschule.*** Wien: Jugend und Volk. 1990

Scheiflinger, W. und Petri, G. ***Probleme der Lernerfolgsfeststellung.*** Wie kann Schulstress abgebaut, Lernfreude verstärkt und die Leistungsbeurteilung objektiviert werden? Graz: Zentrum für Schulentwicklung, BMUK. 1999

Vierlinger, R. ***Leistung spricht für sich selbst.*** „Direkte Leistungsvorlage" (Portfolios) statt Ziffernzensuren und Notenfetischismus. Heinsberg: Diek-Verlag. 1999

Portfoliotheorie und -praxis von LehrerInnen für LehrerInnen

(leider fanden wir nur Bücher von amerikanischen LehrerInnen)

Arter, J. ***Using Portfolios in Instruction and Assessment: State of the Art Summary***. Northwest Regional Educational Laboratory. 1990

Barton, J. and Collins, A. (Ed.) ***Portfolio Assessment: A Handbook for Educators.*** Menlo Park: Addison-Wesley. 1997

Beckley, W. ***Creating a Classroom Portfolio System.*** A Guide to Assist Classroom Teachers in Kindergarten through Eighth Grade. Dubuque: Kendall-Hunt Publ. Co. 1997

Burke, K./Fogarty, R./Belgrad, S. ***The Mindful School: The Portfolio Connection.*** Arlington Heights: Skylight Training and Publishing. 1994

De Fina, A. ***Portfolio Assessment: Getting Started.*** New York: Scholastic Professional Books. 1992

Lustig, K. ***Portfolio Assessment: A Handbook for Middle Level Teachers.*** Columbus: National Middle School Association. 1996

Reger, T. and Yochum, C. ***The Portfolio: A Student Assessment Process.*** A Manual for Elementary Teachers. St. Louis: The Fergusson-Florissant School District. 1996

Relevante Gesetze und Verordnungen

BMUK. ***Lehrplan der Volksschule***. Wien: ÖBV Pädagogischer Verlag. 1993

LSR f. OÖ, ***Schulversuch „Alternative Formen der Leistungsbeurteilung in der Grundschule einschließlich der Volksschulklassen mit Kindern mit sonderpädagogischem Förderbedarf“*** *(B1-7/1-99)*

Bundesgesetz über die Ordnung von Unterricht und Erziehung in den im Schulorganisationsgesetz geregelten Schulen (Schulunterrichtsgesetz-SchUG)

Bundesgesetz über die Schulorganisation (SchOG)

Verordnung über die Leistungsbeurteilung

Hier finden Sie die Gesetze leicht verständlich dargestellt

Brezovich, B. ***Schulrecht kurz gefaßt.*** Studien- und Arbeitsbuch, 3. Auflage, Linz: Trauner Verlag. 1995